快件处理员职业技能等级认定培训教材（高级）

国家邮政局职业技能鉴定指导中心　组织编写

人民交通出版社股份有限公司
北京

内 容 提 要

本书为"快件处理员职业技能等级认定培训教材"之一，依据《快件处理员国家职业技能标准》配套开发《快件处理员职业技能等级认定培训教材（高级）》。本书分为四章，即总包接收、快件分拣、总包封发、快递信息管理。通过对本书的学习，从业人员可以掌握快件接收、卸载、分拣、发运及整个处理环节异常情况处置所需的知识技能，规范信息采集和安全管理等操作。

本书可以作为快件处理员职业技能等级认定培训用书，也可作为技能提升培训以及相关院校学生实践操作的指导用书。

图书在版编目（CIP）数据

快件处理员职业技能等级认定培训教材：高级／国家邮政局职业技能鉴定指导中心组织编写 . — 北京 ：人民交通出版社股份有限公司, 2023.7

ISBN 978-7-114-18891-6

Ⅰ.①快…　Ⅱ.①国…　Ⅲ.①邮件投递—运营管理—职业技能—鉴定—教材　Ⅳ.①F618.1

中国国家版本馆 CIP 数据核字（2023）第 128917 号

书　　　名：**快件处理员职业技能等级认定培训教材（高级）**
著　作　者：国家邮政局职业技能鉴定指导中心
责任编辑：刘　彤　朱伟康
责任校对：刘　芹
责任印制：张　凯
出版发行：人民交通出版社股份有限公司
地　　址：（100011）北京市朝阳区安定门外外馆斜街 3 号
网　　址：http://www.ccpcl.com.cn
销售电话：（010）85285857
总 经 销：人民交通出版社股份有限公司发行部
经　　销：各地新华书店
印　　刷：北京中石油彩色印刷有限责任公司
开　　本：787×1092　1/16
印　　张：11.75
字　　数：220 千
版　　次：2023 年 7 月　第 1 版
印　　次：2025 年 9 月　第 2 次印刷
书　　号：ISBN 978-7-114-18891-6
定　　价：59.00 元

（有印刷、装订质量问题的图书，由本公司负责调换）

快件处理员职业技能等级认定培训教材
编审委员会

主　　编：张瑞华

副 主 编：杜华云

编写人员：李纪彬　　徐崇丽　　闫爱华　　王　然

编审委员：焦　铮　　张　敏　　王　孟　　林　睿　　张　慧

　　　　　高永富　　曾　毅　　沈晓燕　　高俊霞　　申志军

　　　　　周晓丰　　李淑叶

邮政快递业是推动流通方式转型、促进消费升级的现代化先导性产业，邮政体系是国家战略性基础设施和社会组织系统，在国民经济中发挥着重要的基础性作用。党中央、国务院高度重视邮政快递业发展，党的十八大以来，习近平总书记多次就邮政快递业改革发展作出重要指示，称赞快递小哥是美好生活的创造者、守护者，强调要加强快递队伍建设。

为贯彻落实党中央、国务院部署要求，深入推进邮政快递业技能人才评价制度改革，加强快递从业人员队伍建设，2019 年 12 月，人力资源和社会保障部、国家邮政局联合颁布了《快递员国家职业技能标准》《快件处理员国家职业技能标准》，为指导快递员、快件处理员职业培训，开展职业技能等级认定，提升人员能力素质奠定了基础，提供了支撑，促进了劳动者高质量就业、行业高质量发展。

快递员和快件处理员是快递服务的主要提供者，是快递服务体系的重要支撑保障。《中华人民共和国职业分类大典（2022 年版）》中涵盖了快递员、快件处理员、国际快递业务师、快递站点管理师、邮件快件安检员、快递设备运维师、快递工程技术人员等快递领域职业（工种），反映了行业快速发展的新情况和从业人员的新特点。"快件处理员职业技能等级认定系列培训教材"是行业首套面向快件处理员的培训教材，整合行业企业、协会、院校等多方力量进行编写审校。教材内容依据《快件处理员国家职业技能标准》（以下简称《标准》），按照初级、中级、高级、技师、高级技师 5 个等级整体设计，着力体现当前快件处理员职业状况的总体水平，重点提升快件处理员的服务质量和水平，突出职业技能培训特色，旨在指导快件处理员学习培训,开展职业技能等级认定,为提升人员职业技能和职业素质,规范快递生产作业,促进行业安全、绿色发展提供基本遵循和参考。教材中的章对应于《标准》的"职业功能",节对应于《标准》的"工作内容",节中阐述的内容对应于《标准》的"技能要求"和"相关知识"。

教材在编写过程中,得到了各方面的大力支持和帮助:山东工程技师学院的专家、学者承担了有关教材内容的具体编写任务;相关省(区、市)邮政管理局、快递协会和天津交通职业学院对教材的编写给予了大力支持;顺丰速运有限公司、圆通速递有限公司、申通快递有限公司、中外运-敦豪国际航空快件有限公司、上海寻梦信息技术有限公司等多家企业为教材的编写提供了许多帮助,在此一并表示衷心感谢!由于时间及编者水平所限,书中难免存在不当之处,请广大读者批评指正并提出宝贵意见。

国家邮政局职业技能鉴定指导中心

2023 年 7 月

目录

快件处理员职业技能等级认定培训教材（高级）

第一章
总包接收

总包接收是快件处理的重要环节之一,快件处理作业由总包接收、快件分拣、总包封发等环节组成,总包接收是快件处理作业的第一个工作环节,其工作质量的好坏对后续工作环节的质量高低有重要影响。本章主要介绍了处理中心的功能,公共卫生安全管理,进站车辆总包卸载、验收、拆解等内容。要求重点掌握公共卫生安全管理、总包卸载的基本要求及操作、快递企业安全事故类型及处理要求、总包验收异常情况处理、航空快件接收及异常情况处理、总包拆解常见异常情况及处理等内容。

第一节 处理中心概述

一、处理中心的作用及功能

快件处理中心(图1-1)是快件传递网络的节点,主要负责快件的分拣、封发、中转任务。快递企业根据自身业务范围及快件流量来设置不同层级的处理中心,并确定其功能。

图 1-1 快件处理中心

快递企业设置的处理场所应当封闭且面积适宜,须配备与国家标准相符合的处理设备、监控设备和消防设施;须对快件处理场所进行合理分区,设置异常快件处理区和贵重快件保管区;处理场所必须保持整洁,并悬挂企业标识;处理场所的设计、建设应符合国家安全机关和海关依法履行职责的要求。快递企业的快件处理场所及其设施设备具体要求见附录一。

(一)处理中心的作用

1. 集散作用

处理中心将不同路由方向接收的快件,依据快递运单信息,经过分拣、封装,将总包发往目的地。这一过程由分散到集中,再由集中到分散,起到了集散作用。

2. 控制作用

处理中心对接收快件的规格、流向等进行质量控制检查,并对各种错误进行制约和纠正,从而提高快递服务的全程质量,实现快件快速准确、安全便捷地传递。

3. 协同作用

快件处理中心是快件传递网络的节点,起到衔接上下作业环节的作用,同时处理中心分拣封发的作业质量,还影响着快件处理全程的质量和效能。

(二)处理中心的功能

处理中心要在快递网络中发挥应有作用,本身需具备一些基本功能。

1. 快件接收

快件接收指快件处理人员交接验收各营业网点或其他处理中心运输的总包或总包单件,并进行总包拆解。

2. 快件分拣

快件分拣功能指自动化设备或快件处理人员对接收的快件按照相关代码进行分类。

3. 快件封发

快件封发功能指将同一寄达地及其经转范围的快件经过分拣处理后集中,按一定要求封装成快件总包并完成交接发运。

(三)快件处理中心的主要作业区域

1. 接收作业区

在接收作业区主要完成进站快件的卸货、交接、暂存等操作,一般分为卸货平台区、总包拆解区、分类操作区、暂存区等。

2. 快件分拣区

快件分拣区是处理中心的重要区域,对场地的要求较高,主要设施有自动分拣线、带式传送机以及分拣格架等。

3. 封发作业区

在封发作业区主要完成出站快件的集装、加贴标签、出库、交接、装运等操作,一般分为装货平台区、集装操作区、待发快件暂存区等。

4. 异常处理区

异常处理区的主要功能是对异常快件的分类存放及集中处理。

5. 办公区

在办公区主要完成信息处理、组织调度、行政管理、信息查询等工作,一般分为信息处理区、调度区、配载区、行政服务区、财务结算区、计算机室等。

6. 其他区域

(1)库房。

一般来说,快件作业中心的库房不以快件仓储为目的,其主要功能是对快递物料的存放。

(2)快件查验区。

在快件查验区主要完成快件的品质检查、单证检查、包装检查以及对快件的再包装、加贴标识等操作,对快件查验区要求较高的是以航空运输前端检查或国际快件报关操作为主要操作任务的处理中心,而以转陆运运输或分拨派送为主的处理中心,一般不单独设立查验区。

(3)贵重物品暂存区。

贵重物品暂存区的主要功能是暂时存放贵重物品和敏感物品。

(4)总包堆码区。

总包堆码区的主要功能是堆码完成封装的总包或卸载中转的总包。

二、处理中心现场管理

为提高快件的操作效率,保证快件处理作业质量,使工作环境整洁有序,预防快件错分和遗漏忘拿,确保快件安全和快件处理员的人身安全,快递企业的处理中心作业现场可以通过以下管理方法提高管理水平。

(一) 整理

即清理现场空间和物品。

(1)明确作业现场每一项物品的用处、用法、使用频率,并且进行分类。

(2)根据作业现场物品的分类来区分必要物品与不必要的物品并对现场进行清理,把留下来的必要物品依规定位置摆放,放置整齐并加以标识。

(3)将必要的物品按使用频率进行放置,并做好每日自我检查工作。

(二) 整顿

即整顿现场次序、状态。

(1)在整理基础上,合理规划现场的空间和场所。

(2)按照规划安顿好现场的每一样物品,使其各得其所。

(3)做好必要的标识,摆放不同物品的区域采用不同的色彩和标记加以区别。

(三) 清扫

即进行清洁、打扫。

(1)将作业现场划分成若干个责任区域,责任到人。

(2)自觉地把作业现场的责任区域、设备、设施、各类用品、用具清扫干净,保持整洁、明快、舒畅的工作环境。

(四) 清洁

整理、整顿、清扫之后要认真维护,使现场保持完美和最佳状态。

(1)作业现场要做到清洁卫生,保障员工身体健康,提高员工劳动热情。

(2)不仅物品要清洁,而且员工本身也要做到清洁,如工作服要清洁,仪表要整洁。

(3)员工不仅要做到形体上的清洁,而且要做到精神上的"清洁",待人要讲礼貌、要尊重别人。

(五) 素养

即建立习惯与意识,从根本上提升人员的素养。

通过宣传、培训、激励等方法,内心认同企业的文化、价值观念、政策方针等,并转化为自觉的习惯、意识,在外行动做到知行合一,有良好的职业素养和职业能力。

（六）安全

处理中心应采取系统的措施保证人员、场地、快件的安全。

（1）系统建立防疫情、防伤病、防污、防火、防水、防盗、防损等安保措施。

（2）贯彻"安全第一、预防为主"的原则，消除事故隐患，规范安全操作，在任何一个环节中，都必须保证人身、设备、设施、快件、工作场所的安全和运作的正常进行。

（七）节约

为推进快递行业绿色发展，快递行业各处理中心要厉行节约、注意环保、拓思路、想办法，在保护环境的同时，更好地降低企业成本，提高企业经济效益。

1. 物料循环利用

对于可循环使用的物料，务必循环使用，以节约物料，降低成本。如对于质量较好的总包袋，各快递企业在拆解总包后，对于完好的总包袋进行整理收纳，以备下次总包封装时继续循环使用。

2. 及时关闭电源与照明

场地无人作业时，及时关闭胶带机等设备设施的电源；夜间作业结束后，关闭非作业区照明。

3. 选择环保材料

推行使用环保胶带，在满足需要的前提下，减少使用过宽胶带，降低胶带使用成本。

（八）服务

快递企业是服务行业，要秉承为人民服务的理念。

（1）服务仪表，是指快递从业人员在服务中的精神面貌、容貌修饰和着装服饰等方面的要求和规范。

（2）服务礼仪，是指快递从业人员在从业过程中应具备的基本素质和应遵守的行为规范，服务礼仪包括语言礼仪和非语言礼仪两部分。

（3）服务意识，快递是服务行业，从业人员在工作过程中，一定要强化服务意识，倡导奉献精神，在岗位上用心、用情、用力地工作。

三、公共卫生安全管理

公共卫生是关系到一个国家或地区人民大众健康的公共事业。公共卫生服务具有成本低、效果好,但回报周期长的特点。不同于普通意义上的医疗服务,公共卫生服务不是针对个人的医疗措施,而是针对社区或者社会的医疗措施,是通过评价、政策发展和保障措施来预防疾病、延长人寿命和促进人的身心健康的一门科学和艺术。2022年3月,新华社联合百度发布《大数据看2022年全国两会关注与期待》,公共卫生在两会热搜话题TOP10中位列第七位。

快递企业应加强公共卫生管理,创造一个整洁有序的工作环境,增强员工对公司的责任感和归属感,通过公共卫生管理推进公司日常工作规范化、秩序化,树立企业良好形象。快递企业是人员密集型行业,快递企业必须注重公共卫生安全管理,遵循国家公共卫生政策,保障员工人身健康,做好公共卫生突发事件管理。企业应不断优化措施,加强、完善制度,落实责任和要求。

(一)快递企业传染病的预防、监控和治疗

(1)快递企业必须自觉接受疾病预防控制机构、医疗机构有关传染病的调查、检验、样本采集、隔离治疗等预防、控制措施,如实提供有关情况。

(2)快递企业员工应按规定接种传染病疫苗。

(3)快递企业及员工发现传染病病人或者疑似传染病病人时,应当及时向附近的疾病预防控制机构或者医疗机构报告。

(4)患传染病的快递企业员工应积极接受治疗,在治愈前或者在排除传染病嫌疑前,不得从事快递工作。

(5)建立完善关键岗位的轮岗备岗机制,加强从业人员的调配,减少传染病事件对企业正常运转的影响。

(6)快递处理员应做好自己健康的第一责任人,强化个人卫生安全意识,做好健康监测。

【案例1-1】

邮政快递业疫情防控显实效

2019年末,一场突如其来的新冠肺炎疫情肆虐中华大地。这次疫情是新中国成立以来我国遭遇的传播速度最快、感染范围最广、防控难度最大的一次重大突发公共卫生事件。快件流转过程中,感染新冠病毒的情况时有发生,在疫情防控已经常态化的大背景下,作为快递行业,做好疫情防控、阻断新冠疫情传播链条是必须关注的重点。国家邮政局非常重视快递行业疫情防控工作,先后发布了《邮政快递业疫情防控与寄递服务

保障工作指南(试行)》《疫情防控期间邮政快递业生产操作规范建议》等相关文件,以保障快递行业疫情防控落到实处。2022 年 12 月 7 日,国务院联防联控机制综合组发布《关于进一步优化落实新冠肺炎疫情防控措施的通知》,进一步优化疫情防控措施,更加科学精准防控,切实解决防控工作中存在的突出问题,将交通物流等保障社会正常运转的人员纳入"白名单"管理,尽力维护正常的生产工作秩序。邮政快递企业响应国家号召,及时调整疫情防控措施,更好地满足了全社会对快递行业的需求。

(二)做好卫生相关工作

卫生是指个人、集体的生活卫生和生产卫生的总称。一般是指为增进人体健康、预防疾病、改善和创造合乎生理要求的生活条件、生产环境所采取的个人和社会措施。快递企业应培育良好的企业卫生文化,通过各种形式提升员工的卫生意识,要求企业员工做好个人卫生,维持好环境卫生,关注食品卫生。

1. 个人卫生

良好的个人卫生是最起码的文明准则。良好的卫生习惯是爱护自己、尊重他人、尊重社会和热爱生活的表现。个人卫生包括着装、配饰、面部、口腔、头发、手部卫生等方面。

2. 环境卫生

快递企业的环境卫生主要包括三个方面的内容:
(1)营业场所环境卫生:建立企业卫生规章制度,保障快递企业营业场所卫生。
(2)运输车辆卫生:对运输车辆进行及时清洗,保障运输车辆整洁卫生。
(3)快件卫生:保障收寄、处理及配送等环节的快件卫生。

3. 食品卫生

快递企业应倡导员工注意食品卫生,养成生吃瓜果要洗净,不随便吃野菜、野果和野生动物,不吃腐烂变质食物,不喝生水等良好的卫生饮食习惯,保障员工身体健康。

(三)健康教育

健康是指一个人在身体、精神和社会等方面都处于良好的状态。世界卫生组织定义的健康包含躯体健康、心理健康、社会适应良好以及道德健康四个方面。

快递企业应定期开展健康教育,通过健康教育,达到促进企业员工增强健康意识的目的。健康教育内容通常应包括常见职业病的预防改善、常见传染病的科学预防、日常急救处理、亚健康综合防治、职场心理健康指南等内容。

(四)突发公共卫生事件管理

突发公共卫生事件,是指突然发生,造成或者可能造成社会公众健康严重损害的重大传染病疫情、群体性不明原因疾病、重大食物和职业中毒以及其他严重影响公众健康的事件。

1. 突发公共卫生事件应急管理

快递企业应根据《中华人民共和国传染病防治法》《国家突发公共卫生事件应急预案》《国家邮政业突发事件应急预案》等有关法律法规和文件通知精神,结合企业实际,制订适合本企业的公共卫生突发事件应急预案,一旦发生突发公共卫生事件,立即启动应急预案。

2. 突发公共卫生事件报告制度

快递企业发生突发公共卫生事件,应当按照事件类型及分级,在规定时间内报告事件发生地省级以下邮政管理机构和负有相关职责的部门,同时对事件先行处置,控制事态发展。事件发生地省级以下邮政管理机构接到突发事件报告后,依法启动应急预案,采取应急措施。

第二节 总包卸载与验收

一、总包卸载概述

总包卸载,是将进站总包从快件运输车辆上卸载到处理场地的作业过程。卸载总包时要注意安全,注意按规定搬运,不得有猛拉、拖拽、抛扔等任何有可能损坏快件的行为,保障快件安全。

(一)装卸搬运的基本要求

装卸搬运是接收中的基本作业环节,也是容易发生总包损坏的环节,必须把装卸搬运与总包拆解、快件分拣合并成一个完整的系统来处理。通过系统化、全局化的组织与协调,实现快件处理的合理化。装卸搬运合理化是装卸搬运的基本要求,主要表现在五个方面:

1. 减少装卸搬运次数

处理中心应通过良好的组织和妥善的安排,确保快件被搬运的次数最少,消除无效装卸和搬运。

2. 缩短移动距离

在装卸和搬运作业中,清理作业现场,妥善调度车辆等运输工具,务必使装卸搬运距离最短,尽可能使运载车辆、搬运工具接近快件验收、拆解操作台,尽可能消除完全采用人力的水平搬运。

3. 作业衔接流畅

搬运和装卸是伴随进行的,如果搬运和装卸脱节,会使作业量大幅增加。比如说,车辆行驶到处理中心后,先将总包卸载到地上,然后再搬运到验收拆解的操作台上,这就意味着增加了一次落地和离地的作业。相反,如果直接将总包从车辆上卸载到操作台上,搬运的作业量就会减少。

4. 确保操作安全

在处理场地完成搬运装卸时必须安全操作,避免人员、财产等发生意外事故。搬运装卸主要有使用自动化、机械化工具完成搬运和人工搬运两种方式,应优先选择使用自动化、机械化工具完成搬运工作,同时注意设备使用或人工操作时的人员安全。

5. 实现机械化作业

装卸搬运是高强度、大负荷的作业,采用人力作业不仅效率低下,而且容易产生货损。装卸搬运作业毕竟还不能实现完全的无人化作业,需要使用人力或机械协助作业。

为了降低作业的劳动强度,省力化的作业设计和组织极为必要。省力化的作业方法主要有充分利用重力、避免重物提升、建造与车厢同样高度的车辆作业平台等。

(二)装卸搬运的方法

1. 输送带传送

输送带传送是利用输送带将快件从运输车辆直接传输到分拣现场的搬运方法,可以实现不间断搬运,是效率较高的搬运方式,同时输送带传送劳动强度小、搬运质量佳,如图1-2所示。一般大型处理中心都采用输送带传送。

图1-2 输送带传送

2. 叉车搬运

叉车搬运是利用叉车的水平移动能力对较重快件总包进行搬运。同时,由于叉车还具有提升能力,利用叉车可以直接对快件总包进行装卸、搬运、堆码等作业。目前使用的叉车,主要是通过人员驾驶进行作业,随着快递行业自动化程度的提高,无人智能叉车(图1-3)将得到越来越多的应用。一般情况下,处理中心在对较重快件单独搬运时会采用叉车搬运。

图1-3 无人智能叉车

3. 人力设备搬运

人力设备搬运是利用手推车、人力拖车(图1-4)、手动提升机等设备进行搬运。搬运时应注意堆码重量不得超过设备材质和承载的限定要求,堆码宽度应小于底板尺寸。对于拖车,堆码高度不应高于拖车护栏;对于拖板,堆码高度不应高于标准人体高度,以防在快件倒塌时被砸伤。人力设备搬运适用于处理中心较小、活动范围受场所限制、不能采用输送带传送和叉车搬运的情况。

图1-4　人力拖车

4.人力负重搬运

人力负重搬运适用于将快件从车辆上搬运到操作台或分拣线上,或者是卸载后的堆码操作,如图1-5所示。人力负重能力小,人体容易受伤害,作业不稳定,因而效率低、容易导致快件破损。在进行人力负重搬运时,应佩戴专用防护腰带等防护用品。随着快递企业自动化程度的提高,人力负重搬运的情况越来越少。

图1-5　人力负重搬运

二、总包卸载操作

总包卸载要按照操作环节及各环节操作要点进行卸载操作,须事先制订卸车计划。

(一)制订卸车计划

为提高卸载效率,总包卸载需要制订卸载计划,提前制订计划可以确保总包卸载的顺利完成。计划制订需要从人员要素、工具要素等多方面进行考虑,进而优化流程工序。

1. 列出车辆卸载必须进行的各项活动

车辆卸载必须进行的活动包括垛口选择、时间选择、人员选择、工具选择等。

2. 确定具体行动

实现计划从确定实现快速完成卸载目标需要的具体步骤开始,做到清晰准确,避免模糊不清的内容,尽可能做到人尽其用,每个人对自己的任务一目了然。

3. 确定时间地点

根据网络信息和车辆信息确定车辆到来的时间,统筹兼顾确定车辆停靠垛口,特别是处于干线的处理中心或集散地更要统筹兼顾,合理利用时间空间,进一步提高效率。

4. 形成计划

把各项工作步骤进行整理,形成简单的计划。

5. 确认计划

检查执行计划的过程中还有哪些困难,比如人员不足,需要进一步调度,确保快速高效的卸载工作;再比如,车辆经过中高风险地区要进行车辆消杀处理,后面再做总包和内件的消杀处理,确保安全。总包卸载计划(样表)如表 1-1 所示。

总包卸载计划(样表)   表 1-1

日期	开始时间	装卸车	总包件数	结束时间	操作者	备注
……	……	……	……	……	……	……

(二) 卸载环节及操作要点

1. 检查车封

驾驶员根据接收员和场院管理系统将车辆驶入垛口装卸,接收员和驾押人员共同验视车门封志,同时核对派车单、车牌、车封号码。

接收员要携带手持终端和封签剪钳,主要核查封签是否完好、车门是否漏水等情况。若出现异常,由接收员用手持终端拍照上传,再进行解车操作。

2. 解车

接车员扫描派车单,系统自动下载路单信息,通知卸车垛口门开启。驾驶员驾驶车辆倒入垛口,接收员打开车门并进行有效固定准备卸车。

接收员应提前准备好解车所需工具,主要检查派车单、车牌号是否一致。若不一致,接收员与生产管控人员联系确认车辆信息后,再进行解车操作。

3. 卸载

卸车员开启伸缩胶带机,并调整伸缩皮带至适当位置,进行卸车操作。机要件、高考通知书等快件必须逐件交接。需要向外传输快件或者可上机的总包运单或者包牌向上,袋口顺着皮带运行方向一字或者错位摆放,根据质量和体积间隔 200~500mm。

卸车员提前准备好手持终端和伸缩胶带机,要文明接卸,不重砸、不踩踏、不抛摔,快件和总包脱手时离皮带面的高度不超过 30cm,同时注意效率。若发现疑似危险品或液体泄漏等影响人员安全和其他快件安全的,立即停止卸车并报告生产管控人员,及时进行处置。

4. 分剥

快件分拣的主要工作之一是通过分剥区分本埠快件和中转快件,然后再进行下一步的工作。

(1)本埠快件。

属于本埠的快件执行分拣操作,对于异形快件由分拣员放置在垛口处的笼车内,后续由牵引拖车司机盘驳至异形件处理区进行处理;分拣员根据生产组织要求,将小件和需要本中心开拆的总包分剥至对应旁路胶带机内进入相关作业区。分拣员要准备好笼车、手持终端、胶带机,并调试好伸缩式皮带机(图 1-6)。作业完毕,要检查工位和机台上是否遗留有快件。

图 1-6 伸缩式皮带机

(2)中转快件。

对于卸车区的中转快件,不进行分拣操作,直接装车,进入下一个中转环节。

5. 卸车完毕

卸车完成后,卸车员通知车辆驶离垛口。同时对车厢内、卸车垛口内外、伸缩胶带机两侧、底部等区域进行检查,确保卸车区域快件无遗漏或滞留,确定设备安全、人身安全等无误后,车辆驶离垛口。卸车员使用手持终端,输入车牌号和垛口号完成信息操作,卸车完毕。

卸车员要准备好手持终端和清扫工具。发现问题件,逐车交处理台席处理;垛口下方发现遗留件,卸车人员通知场地巡场人员进行处理。

三、快递企业突发事件处理

为提高应对各类突发事件的能力,最大程度预防和减少突发事件及其造成的损害,维护寄递渠道安全畅通,保障快递企业安全稳定运行,防控可能影响快递企业高质量发展的重大风险,各快递企业应建立健全适应企业实际情况的突发事件应急工作机制和应急预案体系,加强部门沟通协作,衔接"防""救"责任链条。

(一)突发事件的类型

突发事件,是指快递业突然发生的,造成或者可能造成人员伤亡、财产损失、运营网络阻断、用户信息泄露等危及邮政业安全稳定和寄递渠道安全畅通的紧急事件。

快递业突发事件按照起因源头分为两类。

1. 行业外事件引发的突发事件

因自然灾害和行业外事故灾难、公共卫生事件、社会安全事件引发的人员伤亡、财产损失、运营网络阻断、用户信息泄露等事件。

2. 行业内风险引发的突发事件

因行业自身安全隐患、矛盾纠纷等安全风险引发的人员伤亡、财产损失、运营网络阻断、用户信息泄露等事件。

(二)突发事件的等级

根据《国家邮政业突发事件应急预案》相关规定,邮政业突发事件按照其性质、严重程度、影响范围和可控性等因素分为Ⅰ级(特别重大邮政业突发事件)、Ⅱ级(重大邮政业突发事件)、Ⅲ级(较大邮政业突发事件)和Ⅳ级(一般邮政业突发事件)四个等级。

1. Ⅰ级突发事件

符合下列情形之一的突发事件为Ⅰ级:

(1)人员死亡、失踪30人以上,或者重伤100人以上。

(2)直接经济损失1亿元以上。

(3)邮政企业、跨省经营的快递企业运营网络全网阻断,或者部分省(区、市)运营网络阻断但是可能在全国范围内造成严重影响。

(4)用户信息泄露1亿条以上。

(5)超出事发地省级邮政管理机构应急处置能力。

(6)对全国邮政业安全稳定运行及寄递渠道安全畅通构成严重威胁、造成严重影响的其他情形。

2. Ⅱ级突发事件

符合下列情形之一的突发事件为Ⅱ级:

(1)人员死亡、失踪10人以上30人以下,或者重伤50人以上100人以下。

(2)直接经济损失5000万元以上1亿元以下。

(3)邮政企业、快递企业全省(区、市)运营网络阻断,或者省内部分市(地、州、盟)运营网络阻断但是可能在全省范围内造成严重影响。

(4)用户信息泄露1000万条以上1亿条以下。

(5)超出事发地市(地)级邮政管理机构应急处置能力。

(6)对全省(区、市)邮政业安全稳定运行及寄递渠道安全畅通构成严重威胁、造成严重影响的其他情形。

3. Ⅲ级突发事件

符合下列情形之一的突发事件为Ⅲ级:

(1)人员死亡、失踪3人以上10人以下,或者重伤10人以上50人以下。

(2)直接经济损失1000万元以上5000万元以下。

(3)邮政企业、快递企业全市(地、州、盟)运营网络阻断。

(4)邮件快件积压,超出事发企业7天处理能力。

(5)用户信息泄露100万条以上1000万条以下。

(6)对全市(地、州、盟)邮政业安全稳定运行及寄递渠道安全畅通构成严重威胁、造成严重影响的其他情形。

4.Ⅳ级突发事件

符合下列情形之一的突发事件为Ⅳ级:

(1)人员死亡、失踪3人以下,或者重伤10人以下。

(2)直接经济损失1000万元以下。

(3)邮政企业、快递企业全县(市、区、旗)运营网络阻断。

(4)邮件快件积压,超出事发企业72小时处理能力。

(5)用户信息泄露100万条以下。

(6)对全市(地、州、盟)邮政业安全稳定运行及寄递渠道安全畅通构成较大威胁、造成较大影响的其他情形。

(三)突发事件的响应级别

邮政业突发事件应急响应分为Ⅰ级响应、Ⅱ级响应、Ⅲ级响应和Ⅳ级响应四个级别,分别对应Ⅰ级邮政业突发事件、Ⅱ级邮政业突发事件、Ⅲ级邮政业突发事件和Ⅳ级邮政业突发事件。

Ⅰ级响应:由国家邮政局予以确认,启动并实施应急响应。

Ⅱ级响应:由省级邮政管理机构予以确认,启动并实施应急响应,同时报告国家邮政局和本级人民政府。

Ⅲ级响应:由市(地)级邮政管理机构启动并实施应急响应,同时报告省级邮政管理机构和本级人民政府。

Ⅳ级响应:由市(地)级及以下邮政管理机构启动并实施应急响应,报送省级邮政管理机构备案,同时报告本级人民政府。其中,事发地县(市、区、旗)设有邮政管理机构(含派出机构)的,由县(市、区、旗)邮政管理机构启动并实施应急响应,同时报告市(地)级邮政管理机构和本级人民政府。

对于比较敏感,或者发生在重点地区、重要时期、重大活动举办地的事件,可以视情提高响应级别。应急响应启动后,可以根据突发事件事态发展和应对处置情况及时调整响应级别。

(四)信息报告

发生突发事件,事发企业应当立即将书面形式的信息(事件类型、发生时间、地点、人员伤亡、运营网络阻断、邮件快件积压损毁、用户信息泄露、初步估计的直接经济损失等情况,以及事件影响范围、程度、已采取的应急处置措施和成效)报告当地邮政管理机构以及应急管理等部门,必要时可以越级报告,但应当及时向被越过的部门补报。应急处置过程中,按规定及时续报进展情况。

事发地邮政管理机构应当按规定向上级邮政管理机构和本级人民政府报告突发事件信息。省级邮政管理机构接到报告后,应当及时、准确向国家邮政局报告。

国家邮政业应急办公室接收、汇总各地、各类信息,及时、准确向国家邮政业应急领导小组报告突发事件信息,根据需要上报国务院总值班室,抄送国务院相关部门。

(五)应急处置

突发事件发生后,事发企业在报告突发事件信息的同时,应当立即启动应急响应,及时、有效地进行先期处置,控制事态发展,并将相关信息及时通报与突发事件有关的政府部门、企事业单位和公民。事发企业应当根据实际情况,在确保人身安全前提下,立即组织本企业应急救援队伍和工作人员营救遇险、涉险人员,疏散、撤离、安置受威胁人员;控制危险源,标明危险区域,封锁危险场所,并采取其他防止危害扩大的必要措施。对于本企业问题引发的群体性事件,或者本企业人员涉事的事件,企业相关负责人员应当迅速赶赴现场开展劝解、疏导、协调等工作。

(六)密集场所事故灾难处置措施

密集场所事故灾难,是指邮政企业、快递企业经营管理、生产操作过程中,在人员密集场所突然发生的,造成或者可能造成人员伤亡,需要采取紧急措施予以处置的事件。

1. 基本处置措施

发生人员密集场所事故灾难时,事发企业应当立即采取下列基本处置措施:

(1)事发企业现场人员应立即疏散避险、自救互救,同时报告企业负责人。

(2)事发企业负责人接到报告后,根据事故灾难的性质和危害程度,及时向地方政府相关部门报告,同时报告当地邮政管理机构。

(3)现场负责人员应当充分利用本企业和社会救援力量,立即组织实施应急救援,抢救现场受伤人员,疏散、撤离可能受到波及的其他人员。

(4)做好可能发生的次生、衍生灾害应急处置准备工作。

(5)协助地方政府相关部门、应急救援专业人员做好应急处置工作。

2. 疏散撤离

需要组织人员疏散撤离时,事发企业可以参照下列措施处置:

（1）发布人员疏散撤离通知与行动信号。

（2）组织疏散撤离人员，应当坚持集中、快速、有序并重原则，组成疏散撤离梯队。

（3）组织人员向预定地点或者指定区域转移，尽可能安排多条路线；使用同一条路线疏散撤离的，各梯队按时间先后顺序相继进行。

（4）情况紧急时，应当立即通知处在危险区域人员自行向安全区域疏散撤离。

（5）疏散撤离时，所有人员应当保持冷静并听从指挥。

（6）疏散撤离后，事发企业应当指派专人对各班组人员进行清点和检查，以防遗漏。

3. 发生自然灾害的应急处置

发生自然灾害时，事发企业可以参照下列措施处置：

（1）事发企业现场人员应立即在现场负责人员指挥下疏散避险，并报告本企业负责人。

（2）现场人员迅速开展自救互救，将受伤人员送医，如人员伤势不明，应当立即拨打医疗专用急救电话请求救援。

（3）如果情况严重，自救难以满足救援需要时，应当立即拨打消防救援报警电话请求援助，并向地方政府求助。

（4）应急救援队伍到达后，现场负责人员应当清点已脱险人员数量，向救援队伍提供急需救援人员的人数、位置等信息。

（5）被困人员应当设法与外界取得联系，报告被困位置和人数，等待救援。

（6）如果条件允许，现场负责人员应当组织现场人员及时划定自然灾害危险区，设立明显的危险区警示标识。

4. 发生火灾爆炸的应急处置

发生火灾爆炸时，事发企业可以参照下列措施处置：

（1）发现火情时，立即疏散现场人员，拨打消防救援报警电话，并在确保安全前提下采取措施控制火情。

（2）发生爆炸的，立即向公安部门报告。

（3）立即封锁现场，疏散人员，切断电源，设置警戒区域，禁止无关人员进入。

（4）采取紧急救护措施，及时抢救现场伤员，同时做好可能再次发生的火灾、爆炸应对处置准备工作。

（5）严禁对外泄露现场情况，任何单位和个人，未经允许不得接受媒体采访。

（6）协助相关部门对爆炸现场、已爆炸或者摧毁的爆炸物进行调查取证。

5. 发现危险物品的应急处置

在邮件快件中发现爆炸物等危险物品时,事发企业可以参照下列措施立即处置:

(1)疏散现场人员,封锁现场,设立警戒区域,禁止无关人员进入。

(2)如有人员受伤,立即请求医疗机构救助,并采取紧急救护措施,及时抢救现场伤员。

(3)报告公安部门。

(4)在确保安全前提下,将可能装有爆炸物的邮件快件放入防爆罐,或者用防爆毯、灭火毯覆盖。

(5)做好可能发生的次生灾害应急处置准备工作。

(6)严禁对外泄露现场情况,任何单位和个人,未经允许不得接受媒体采访。

(7)协助有关部门的应急处置工作。

6. 发生毒害性物品泄漏的应急处置

发生危险化学品、病原微生物相关物品等具有毒害性物品泄漏时,事发企业可以参照下列措施处置:

(1)根据实际情况,立即抢救伤员、疏散人员、隔离现场,同时视情报告公安、环境保护、卫生防疫、应急管理等部门,报告内容包括毒害性物品泄漏时间、地点、泄漏物品性质或者形态、泄漏量、泄漏形式、影响范围,受伤害人员数量、伤情,已经采取的应对处置措施等情况。

(2)在确保安全前提下,将发生毒害性物品泄漏的邮件快件放入防爆罐或者用防爆毯、灭火毯覆盖,放置到应急隔离区;无上述设备或者无应急隔离区的,应当将发生泄漏的邮件快件封装密闭,放置到特定区域,严禁无关人员进入。

(3)采取紧急救护措施,及时抢救现场伤员,在上风或者侧上风方向无污染地区设立安全区,将遇险人员移至安全区内,并请求医疗机构救助,将严重者送医治疗。

(4)做好可能发生的次生、衍生灾害防范和应急处置准备。

(5)协助相关部门、单位的应急处置工作。

(6)严禁对外泄露现场情况,任何单位和个人未经允许,不得接受媒体采访。

7. 发生放射性物品泄漏的应急处置

发生放射性物品泄漏时,事发企业可以参照下列措施处置:

(1)封锁现场,疏散人员,切断电源,设置警戒区域,禁止任何无关人员进入,同时关闭所有通风设备和门窗,避免扩大影响范围。

(2)及时抢救现场伤员并隔离,登记所有接触过放射性物品的人员姓名、住址、联系方式等个人信息备查。

(3)向公安、环境保护、应急管理等部门报告。

(4)严禁对外泄露现场情况,任何单位和个人未经允许,不得接受媒体采访。

(5)协助相关部门的应急处置工作。

四、总包验收

【案例1-2】

如何保证快件质量,减少消费纠纷

近年来,快递服务已与广大城市市民的工作、生活密不可分,邮件快递、网络购物、电视购物、广播购物、电话购物……方便快捷的快递服务实现了远距离的物品递送及各种非现场购物。但消费者在收取快件时,常常会遭遇物品遗失、破损、掉包等问题,导致了大量消费纠纷的出现。这些问题一般出现在快件的处理过程中,而快件接收作为快件处理的首要环节,需要特别注意,尤其是总包验收环节,容易出现诸多问题:

(1)接收时,工作人员没有做好验视袋身的工作。这样将可能会出现包袋破损,以致内件丢失,或者包袋小面积的水湿、油污影响到快件的情况。

(2)只点总数不看总包包牌就接收装运。在验收时,如不看总包包牌就装运的话,很容易使快件发错地方,还可能会造成总包短少等情况的发生。

(3)对于粘贴有易碎品标识的快件,没有按照轻拿轻放的要求作业。这种情况可能会使快件在受到重力的作用下变形、破裂、损坏。

(4)验收完毕后,没有在清单上注明交接时间。能否签注交接的时间,关系到快件发运的时限问题。如果交接一方在规定的时间内没有封妥快件交接,就必须要注明交接的时间,以区分延误快件时限的责任。

为了避免上述问题的出现,快件处理员需要掌握快件总包验收的操作技能和注意事项,提高自身素质,保证验收质量,减少消费纠纷的出现,对于验视发现的异常总包,交接双方对异常情况要当场及时处理,明确责任。

(一)总包验收基本内容

总包验收的内容主要包括:总包发运路向是否正确;总包规格重量是否符合要求,是否与交接单上的重量一致；袋牌或标签是否有脱落或字迹不清、无法辨别的现象；总包是否有破损或拆动痕迹；总包是否有水湿、油污、出现异味现象等。

(二) 总包与系统内信息比对

(1)用手持终端逐一扫描总包袋牌或标签上的条码，防止漏扫和误扫，条码污染、受损无法扫描时，应手工键入条码信息。

(2)扫描过程中挑出有破损、拆动痕迹或水湿油污的总包。

(3)扫描结束后，通过系统内比对功能与上一环节装车时总包信息进行比对，检查总包有无漏发、误发。

(三) 平衡合拢

在处理中心，快件总包卸载中应对进出总包分别进行计数汇总，以求得进出口总包平衡的操作，即平衡合拢操作。处理中心每车次工作终了时，根据进、出口清单或路单对邮件和总包分别进行计数平衡，并填入相关表格。合拢时，如总数不平衡或结存数与实存数不符，应立即采取措施查明原因；如复查无结果，应立即向主管人员如实反映汇报，并作详细记录备查。

(四) 总包与系统内信息不符的情况

不符的情况主要包括路向不符、数量不符和重量不符等。

1. 路向不符

扫描所有总包后，与系统内数据进行比对，发现总包发运路向与系统内不一致。总包发运路向与系统内信息不符一般是上一环节误装车造成的。

2. 重量不符

对总包进行称重，总包的重量与信息系统内重量不符。一种情况是总包的重量比信息系统内记录重量多，另一种是总包的重量比信息系统内记录重量少。总包发运重量与系统内信息不符一般是总包内快件误封或短少造成的。

3. 数量不符

扫描所有总包后，与系统内数据进行比对，实际总包数量多于或少于信息系统中的总包数量。总包发运数量与系统内信息不符在排除操作人员漏扫等原因后，一般是上一环节多装或少装造成的。

总包与系统内信息不符意味着快件封发、运输过程中发生了差错，必然会影响快件的时效,进而影响企业的信誉,在处理过程中应尽力避免。

需要指出的是,随着快递行业自动化程度的提高,总包与系统内信息不符的情况逐渐减少,验视发现的异常情况大大减少。

(五) 总包与系统内信息不符情况的处理

1. 对路向不符情况的处理

总包验收人员应立即报告作业主管,将误发的总包尽快转发正确目的地。如果不能直接发往目的地,则采用最能保证快件时效的路由转运。

2. 对重量不符情况的处理

如果称重后总包重量与系统内重量差别较大,应立即报告作业主管,对总包内的快件进行检查,如果快件短少,应立即与上一环节联系,查找遗失的快件;如果发现有误封发的快件,应将误封发的快件及时按正确路向发出。

3. 对数量不符情况的处理

如果总包数量多于信息系统内数量,应立即报告作业主管,通过核对找出信息系统中没有的总包。对于装车时漏扫描袋牌导致的不符,应通知信息部门对相关信息进行更正;对于总包误发导致的不符,应按照路向不符情况进行处理。

如果总包数量少于信息系统内总包数量,应尽快通知上一环节,查找遗失的总包,并追究相关人员的责任。

五、航空快件总包接收处理

(一)人员要求

1. 资质要求

满足岗位所需相关管理规定的操作要求,经过岗前培训并考核合格。接收危险品快件,应满足危险品运输相关管理规定的人员资质要求。

2. 熟悉法律法规

接收人员及时掌握政府、民航主管部门、行业最新相关规范、标准和要求。

3. 数量要求

航空货站总包接收人员数量要与业务量相匹配,可按不同时间段业务量自由调节,但需确保在对社会公布、承诺的工作时间内始终有人员在岗,能够有序、高效地开展总包接收工作。

(二)接收限制

(1)禁止接收法律、法规以及其他有关规定禁止航空运输的快件;

(2)禁止接收承运人和地面代理服务人不具备运输资质或禁止运输的快件;

(3)接收政府限制运输以及需政府有关部门批准运输的快件,应要求提供相关部门出具的有效证明文件,否则不予收货。

(三)接收程序

1.检查交货人员身份

接收人员应要求交货人员出示由政府主管部门规定的证明其身份的有效证件,如居民身份证、有效护照等。接收危险品交运时,应要求交货人员提供符合危险品运输相关管理规定要求的培训合格证明。

对经常交货人员,可在确保安全的情况下建立身份备案制度,简化核对检查流程和手续。

2.检查快递运单

收货人员应检查运输文件是否符合法律法规、行业规定及承运人规定,对于无法提供相关文件或文件不符合要求的货物,不予收货。

所有总包应提供相应的运输文件,收货人员应检查运输文件中信息的完整性,包括发货人、品名、数量、尺寸/体积等信息是否填写完整,申报品名泛指品名、商品代号、禁运品等,字迹是否清晰可辨认,对不满足要求的,不予收货。

快递运单中申报品名为危险品时,应按照民航主管部门制定的相关规定和规范进行操作;接收特种快件时,另需检查相关政府主管部门、行业规定和规范,以及承运人要求的其他运输文件。包含但不限于下列文件:

(1)接收野生动物时,须依照野生动物保护法、动物防疫法等法律法规,检查野生动物保护主管部门、动物卫生监督机构等部门开具的相关合法来源证明、特许猎捕证以及检疫证明等,其中,国家重点保护野生动物要检查省级以上相关单位出具的许可文件。

(2)接收《濒危野生动植物种国际贸易公约》禁止或者限制寄递的野生动物或其制品,国家重点保护动物及其制品,同时应检查国家濒危物种进出口管理机构核发的允许进出口的证明书。

（3）接收《中华人民共和国植物检疫条例》规定必须实施检疫的植物和植物产品时，必须检查所在省（地、县）植物检疫机构出具的检疫证书。接收濒危植物及其制品或国家保护植物时，必须检查省级以上林业部门或濒危动植物管理办公室出具的准运证明。

3. 检查快件外包装

（1）检查快件的外包装是否完好，包装是否符合航空快件运输相关规定及承运人相关规定和要求。

（2）检查外包装材料和形式是否符合快件性质、尺寸/体积、重量、形状、运输环境条件、载运飞机条件和承运人要求。

（3）对于外包装不符合接收要求的快件不予接收。

4. 检查运输标志

运输标志包括标记、标签两大部分。

（1）快件标志要符合行业相关规定和承运人要求。

（2）易碎、怕压、不可倒置等快件，须有相应的标志。

（3）危险品快件须严格按照危险品航空运输管理相关规定具备相应的标志。

（4）与所交运快件无关的标志必须清除，并确保普通快件外包装没有危险品相关标志。

（5）缺少以及未按相关规定和要求具备相应标志的快件不予接收。

5. 检查件数

核对快件件数，确保快件件数与运输文件信息相符。

6. 核对重量

核对重量是否与运输文件中所载重量相符。

7. 交接

接收人员应对通过接收检查的快件与后续业务岗位人员做好交接。可以采用创新交接方式，如采用无纸化交接等。

（四）接收异常情况处理

航空快件接收人员至机场提取快件时应仔细检查、核对是否与航空提货单上的件数相符，如果出现件数不符、包装破损、航班延误等不能按时提货等异常情况，一般先通过电话或内部软件沟通,如果需要,进一步通过邮件联系,发送具体异常情况,以便及时解决问题。

1. 取包少件

提取总包时发现实际到达的快件总包数量比航空提货单上的总包数量少。

1)原因分析

(1)由于交发总包时未点清数量,航空提货单上数量错误。

(2)由于安检扣件或部分落货导致到达快件总包数量少于实际封发总包数量。

2)处理方法

(1)接收员确认快件外包装航空标签上件数情况,请机场提货处第一时间向始发站或经停站查找,并及时向外场了解卸货情况,确认是否有快件遗漏在机场仓库,是否在地面运输途中丢失,或者有拾到快件的反馈,同时与航空提货处协商提货事宜。

(2)如果机场同意提取总包,接收员须及时提取,同时在航空提货单上注明实提数量和少提数量;如若机场不同意提取总包,应由发货方航空部门通过出港航空公司联系到港航空公司确认实际发件件数,查询少件原因并确认提货事宜,发货方航空部门将情况反馈至提货方航空部门,接收员及时提取快件,并在航空提货单上注明实提件数和少提件数。

(3)提货完毕后,通过与信息系统内数据对比,查找出少提快件的详细资料。

(4)提货方航空部门在提货现场操作完成之后,尽快在信息系统中填写提货信息,对照提货中出现的单货不符情况选择异常类型,进行异常登记,详细说明异常原因、异常内容等信息。

(5)接收员在以后提货时对少提快件进行跟踪、寻找。

(6)快件遗失一个月后,仍无法查找到快件具体下落,由接收员至航班到港航空提货处,凭航空提货单开具航空公司的航空运输事故签证(遗失证明)。

2. 取包多件

提取总包时发现实际到达的快件总包数量比航空提货单上的数量多。

1)原因分析

(1)由于交发总包时未点清数量,航空提货单上件数错误。

(2)到达件数多于实际发件数导致实际到达的件数多于航空提货单上标明件数。

2)处理方法

(1)接收员确认快件外包装航空标签上件数情况。

(2)接收员确认发货方航空部门发件情况。

（3）若由于航空提货单标明的件数错误，由发货方航空部门通过出港航空公司确认，各航站之间及时沟通，形成对快件的处理指示，依照指示接收员提取多出的快件；如果提货时间紧张，无法及时提取多出的快件，为不影响整体作业计划，应留待下个提货批次提取快件。

（4）若到达件数多于实际发件数，接收员须确认多出总包内快件是否为本企业快件，如非本企业快件，应归还航空公司，不得私自拆封多出快件，更不得将快件占为己有；如非本企业快件已提回企业，仍须及时归还航空公司。

3. 取包破损

提取总包时发现总包或总包单件外包装破损。

1）原因分析

（1）航空运输中快件相互挤压导致外包装破损。

（2）由于快件包装不够牢固导致外包装破损。

2）处理方法

（1）总包单件出现外包装破损，应由接收员确认快件破损程度，若破损处可能导致内件外漏，须当场拍照，并要求航空公司开具运输事故签证（破损证明）作好记录，将异常信息上报航空部门。

（2）总包出现外包装破损，导致内装快件外漏的，应立即拍照，当场拆解总包清点快件或利用手持终端逐件扫描进行件数统计，如果内装快件件数少于袋牌标明的件数，经确认后要求航空提货处开具破损、少件的证明，并将异常信息上报航空部门。

（3）破损异常操作处理完成后，尽快在信息系统中填写提货信息，并新增提货破损异常登记，选择异常类型，详细说明异常原因、异常内容等信息。

4. 有件无提单

提取总包时发现快件配载航班与快件总包同时到达，但航空提货单未到。

1）原因分析

（1）航空提货单错发目的地。

（2）航空提货单未装机，或因人为原因途中遗失。

2）处理方法

（1）接收员及时通知航空部门信息处理人员，信息处理人员在接收到异常信息后及时联系发货方航空部门。

（2）发货方航空部门收到异常信息反馈后，将航空提货单发送至提货方航空部门。

(3)接收员凭航空提货单至提货处办理提货手续提取快件。

(4)提货完成后,信息处理人员在系统中填写提货信息,增加有货无单异常登记。

5.有提单无件

提取总包时发现快件配载航班与航空提货单已到达,但快件未到达。

1)原因分析

航班快件落货。

2)处理方法

(1)接收员向航空提货处确认此航班快件是否已核对完毕,前往查询柜台询问具体情况并提供航空提货单号码确认快件配载情况。

(2)接收员无法得到快件实际配载情况下,应联系发货方航空部门通过出港航空公司查询异常原因及正确航班号,并将确认信息反馈至提货方航空部门安排提货。

(3)在信息系统中填写提货信息,增加有单无货异常情况记录。

6.总包单件无运单

总包单件在运输途中丢失运单。

1)原因分析

(1)快递员收件环节运单粘贴不牢固,导致运单丢失。

(2)在运输过程中不规范操作,造成运单脱落。

2)处理方法

(1)接收员应尽快将总包单件提取回企业,通过信息系统对比,确认单号,补齐系统内记录;如果无法确认单号,须将此件航班号、快件详情、重量、尺寸、外包装、照片等信息上报业务主管并发布在内部网上,待相关业务区确认单号后及时参加中转。

(2)信息处理人员尽快在信息系统中填写总包单件无运单的异常记录。

7.部分落货

提取总包时发现部分总包或总包单件未跟随航班到达。

1)原因分析

因为飞机舱位原因,导致部分总包或总包单件未配载原计划的航班,而改配其他航班。

2)处理方法

(1)发货方航空部门及时对航班发出及快件配载情况进行查询。

（2）如发现异常情况，立即发出漏装通知至出港航空公司进行处理，便于快件到达后能第一时间提出，同时确认所落总包或总包单件改配的航班号，及时将异常信息（货运单号、数量、始发站）反馈至提货方航空部门。

（3）若接收员未收到任何异常反馈，提货时才确认部分落货，应与机场协商提取事宜。

（4）若机场同意提取，接收员应及时提取总包或总包单件并在航空提货单上注明实提件数及少提件数。

（5）如果机场不同意提取货物，由发货方航空部门通过出港航空公司向到港航空公司确认实际发件件数、确认提货事宜，发货方航空部门及时将确认情况和所落快件改配航班号向提货方航空部门反馈，通知接收员至货运处办理提货手续，接收员提取快件并在航空提货单上注明实提数和少提数。

8. 航班延误或取消

航班延误或取消导致快件不能按时到达。

1）原因分析

航班延误或取消的原因主要有：

（1）恶劣天气影响。

如遭遇大雾、大风、雷雨、冰雪等恶劣天气，导致视线不好、能见度低，造成航班延误或取消。

（2）航空管制。

航空管制是国家有关部门根据颁布的飞行规则，对空中飞行的飞机实施监督控制和强制性管理。航空管制的主要目的是维持飞行秩序，防止飞机互撞以及飞机与地面障碍物相撞。航空管制可能会造成航班延误、取消、变更、重排或终止等操作。

（3）机械存在故障。

飞机存在任何机械故障都是不允许起飞的，需要进行一整套的系列检查以排除故障，维修完毕后才能飞行，从而造成航班延误或取消。

2）处理方法

（1）接收员等待通知，由航空部门负责此航班跟踪情况并及时反馈结果。

（2）若航班取消，应及时与发货方航空部门联系反馈，同时跟踪改配航班情况。

（3）提货完毕后，须及时上报航班延误原因并在信息系统中注明。

第三节 总包拆解

一、总包拆解概述

总包拆解作业,就是开拆已经接收的进站快件总包,实质上是对总包内快件的接收。总包拆解过程中,无异常的快件立即进入下一个操作环节,遇到快件多件破损或内件混杂等严重异常情况,必须及时、规范地处理。

总包拆解主要分人工拆解和机械拆解两种方式。人工拆解总包是一种比较普遍的方式,绝大多数快递企业都采取人工拆解总包的方式。无论采用何种拆解方式,其作业流程基本相同。

二、总包拆解流程

总包拆解前,需要提前做好必要的准备工作,然后按规定的步骤,进行总包拆解。

(一)拆解前准备

1. 准备工具

领取条码扫描设备、名章、笔、拆解专用钳或剪。

2. 验视总包路向

拆解总包前应先验视总包路向并检查总包封装规格,确认总包路向无误后再开拆,对误发的总包不能拆解,应剔除出来交作业主管。

3. 扫描包牌条码信息

扫描总包包牌、封志等内容,扫描不成功或无条码的,手工键入总包信息。

(二)总包拆解的步骤

1. 拆解总包封志

拆解塑料封志时,应使用专用拆解剪将塑料封志剪断,剪口应在拴有包牌一面的扣齿处,以保证包牌不脱落。

2.取出快件

双手捏住总包包袋底部的两角向上轻提,将袋内快件倒在工作台上;开拆包袋时,特别是内装较多或体积较大包裹的包袋,要小心倒袋。

每开拆完一袋,取出相关快件后要随即用手将袋撑开,采用"三角看袋法",即用两手拿住袋口边沿,以肘撑入,将袋口支成三角形,验看袋内有无遗漏快件,不得在开拆后将袋倒扣代替验看。同时注意,如果总包内有易碎快件,必须轻拿轻放,小心地从容器中取出。

3.扫描快件条码

将快件从总包内拿出后,需要逐件扫描快件条码,同时验视快件规格。拆出的破损、水湿、油污、内件散落等快件以及不符规格的快件,应及时交作业主管处理。区分手工分拣和机械化分拣快件,将需要机械分拣的快件运单向上,顺序摆放。超大、超重不宜机械分拣的快件和破损、易碎物品快件要单独处理。

三、总包拆解常见异常情况及处理

(一)运单缺失

1.运单缺失出现的原因

(1)运单粘贴不牢固,导致运单缺失。

(2)在上一环节封发或运输途中,由于多个件撞击,导致运单跌落。

2.运单缺失处理原则

(1)及时性原则。

及时性是运单缺失处理的第一原则,只有及时处理,才能避免造成损失并将影响降到最小。

(2)责任清晰原则。

根据问题产生的原因分清责任,分别追究。

(3)详细记录原则。

对于运单缺失,应及时、详细地记录,并进行拍照及录像留存。

3.运单缺失处理方法

在总包拆解过程中,发现运单缺失,视情况采取以下措施。

快件无运单,首先在包内寻找是否有脱落的运单,如果确认没有,需要在系统内通过包签查询快件单号,有则重新打印,粘贴后快件继续流转,如没有,则按照无着件处理。

(1)找到运单。

发现总包中单个快件出现运单缺失,若能在总包中找到,将遗落运单与实物核对,核对无误后重新粘贴运单并进行加固。

(2)未找到运单,快件上写有单号。

根据单号查询网上信息,核查收寄重量与收件人是否相符,按实物上单号补打电子运单,使用手持终端标注和拍照记录,继续发往下一环节。

(3)未找到运单,快件上没有单号,也没有收件人信息。

在路单或清单少件中查找,能查到对应快件的,在实物上书写收件人信息,使用手持终端标注和拍照记录,补打粘贴电子运单,继续发往下一环节。无法查找快件信息的,按无着快件交相关部门处理。

(二)内件损毁

1. 内件损毁出现的原因

(1)由于快件包装不够坚固,导致严重破损,内件散落出来,混在一起。
(2)快件在车厢内碰撞挤压导致多件破损严重,内件散落出来,混在一起。

2. 内件损毁总包处理原则

(1)保护客户利益原则。

出现内件损毁是比较严重的情况,应从保护客户利益出发,对快件进行妥善处理,尽量减少客户损失,对于内件损毁导致的快件损失应该加以赔偿。

(2)详细记录原则。

对于内件损毁,应及时、详细记录,并进行拍照及录像留存。

3. 内件损毁总包处理方法

(1)对于内件损毁总包,首先进行拍照,损毁内件看是否失去使用价值,若有使用价值,会同作业主管在监控下根据总包清单清点所有破损快件运单,然后对照运单查找每个快件内物品,并进行称重复核。

如果重量基本一致,由包装人员对快件重新包装,进入下一环节;如果重量与运单上重量相差较多,说明内件可能遗失,与上一环节联系,查找丢失的物品,并追究相关人员责任。

(2)将情况上报客服部门,对出现问题的所有快件单号、收寄方地址及内件进行记录。

（3）如果发现损毁的内件中有禁限寄物品，应及时报告作业主管，根据法律、法规进行处理。

（4）如果损毁的内件发生渗漏，当即进行隔离，以防污染其他快件，然后通知相关人员与发件人沟通联系。

（三）快件更址

更址快件指快递企业根据寄件人的申请，将收件人的地址按照寄件人的要求进行更改的快件。更址快件也可称为改寄件。如果更改后的新地址与原来的地址在同一城市，可以直接利用原来的运单对地址进行修改后进行派送；如果更改后的新地址与原来的地址不在同一城市，可以利用原来的运单对快件更址，也可以重新填写一份新运单。

1.快件更址的条件

快件在发出之后，快件的状态随时都在改变，并非每票快件都可以进行更址操作，如果快件已经派送至收方客户手中，那快递企业就无法完成快件更址操作，同样客户也就不再需要给快件进行更址了。所以不同类型的快件更址需满足相应的条件：

（1）同城快件和国内异地快递服务快件：快件还未派送至收方客户处。

（2）国际快件及港澳台快递服务快件：快件尚未出口验关前可更改地址。

2.快件更址的申请

客户需要对快件进行更址时，应该致电快递企业的客户服务热线，由客户服务工作人员进行登记备案。为保证更改信息的准确无误，确保客户的权益不受损害，客服工作人员应详细记录寄方客户的地址、联系人名称、联系方式、收件人地址、快件详情单号等快件信息，同时，为了避免地址更改过程中产生的风险，快递企业应要求寄件人本人提交书面申请，签字确认后递交给快递企业人员。

3.更址快件的接收核验

寄件人提出更址申请后，快递企业信息部门根据申请在系统内进行相应设置，当快件到达原址处理中心后，扫描员进行逐件扫描时，扫描到此快件，扫描器会发出警报声，提醒扫描员将快件拿出单独放置进行更址处理。

（四）快件自取

收件人因特殊原因急于收到快件，提出自取申请。针对这种情况，处理中心采取下面的处理方法。

1. 处理中心对于自取快件的处理方法

(1)总包拆解时发现自取件,应当单独存放,不要与普通件混杂。

(2)检查快件外包装上是否正确粘贴"自取件"贴纸,"自取件"贴纸必须粘贴在与运单同一面的右上角位置,确保可以在三个角度看到。

2. 自取快件的处理流程

(1)总包拆解时发现自取件,应当单独存放,不与快递员交接。

(2)所有到件清仓完毕后,立即致电给收件方。

①通知客户自取地点、联系电话。

②通知客户付款方式,如为到付,通知客户需付款金额。

③通知客户携带身份有效证件(如身份证、暂住证等),如为他人代领,提醒客户除需代领人有效身份证明文件外,还需收件人身份证明有效证件原件或复印件和委托书。

(3)客户到达取件地点,应要求客户出示有效证件。

(4)处理人员核对客户提供的证件。

①核对无误后,快件交给客户签收,并在收方签名下方注明收件人身份证号码,如非本人取件,则同时注明收件人姓名及身份证号码。

②证件核对异常,处理人员不得将快件交给客户,同时提醒客户携带有效证件取件。

(5)对于当日未自取的快件,处理人员次日再次与客户联系确认取件日期。

如快件超出企业规定期限未提取,应主动联系客户,并提醒其将产生的仓储费用问题,希望客户能够尽早来提取。

【案例1-3】

快件急用,客户自取快件

2023 年 2 月,山东济南某高校验收客户一批教学设备,在验收时,发现设备清单中应有的一个摄像头已到某快递公司济南处理中心,但是下午才能送达收件地址。为了能够尽快完成设备验收,设备供应方相关人员联系该快递公司客服部门,要求自提快件。快递公司的客服中心与济南处理中心确定好自取地点、联系电话后通知客户,济南处理中心立即对摄像头快件进行拦截处理,并单独存放,待收件人到达处理中心后,安排专人对快件按规定进行了单独交接。最后设备供应方与校方顺利完成了教学设备验收工作,双方非常满意。

(五) 快件撤回

1. 撤回快件的概念

撤回快件是指快递企业根据寄件人提出的申请,将已发送的快件退还寄件人的一种特殊服务。

快件在尚未投交收件人之前,所有权属于寄件人,所以寄件人有权要求撤回所寄邮件。快件撤回属于有偿服务,寄件人在向快递服务组织提出撤回申请时,快递服务组织应告知寄件人需要承担的撤回费用并告知费用标准。

2. 快件撤回的条件

(1)同城和国内异地快递服务:快件尚未首次派送。

(2)港澳台快递服务:快件尚未封发出境。

(3)国际快递服务:快件尚未封发出境。

3. 快件撤回的申请

客户在发送快件的时候,可能会因为自己的疏忽导致快件物品发错,或者由于客户搬迁、业务变化等原因,导致已经发出的快件需要撤回,无论何种原因,客户在有快件撤回需求的时候,需要第一时间致电快递企业的客户服务电话(或登录企业网站)提出申请。

(1)快递企业客户服务人员,根据查询快件相关状态,回复客户是否可以对快件进行撤回,快件只要是尚未派送或是尚未封发出境,是可以进行撤回操作的。

(2)在确定快件可以进行撤回操作后,由快递企业发送"快件撤回申请单"给寄件人,由寄件人签字盖章回传给快递企业后,快递企业方可进行快件撤回的后续操作。

4. 撤回快件的处理方法

(1)快递企业接到撤回申请后,如快件尚未发出的,可以直接办理快件撤回手续。

(2)快递企业接到撤回申请后,如快件已经发出,尚未派送的,由处理人员填写一份新的运单,寄件方栏按原运单的收件方资料填写,收件方栏按原运单的寄件方资料填写,按收件操作规范将新运单和需撤回的快件重新包装整理。处理完毕后,安排撤回快件参加最近的中转班次进行中转。

第二章
快件分拣

本章主要介绍快件查验的基本原则、安检设备的使用、国内快件查验的注意事项、国际快件查验的注意事项、滞留快件的处理、化工产品泄漏处理、国内快件分拣、快递三段码、国际快件分拣等内容。要求重点掌握禁寄物品、航空违禁品、特殊寄递物品、国际快件单证、国际清关知识、海关禁寄规定、国内主要城市电话区号、航空代码以及世界主要国家（地区）英文名称、缩写、邮政编码格式及电话区号、城市编码、出口快件复核、进口快件英文名址批译等内容。

第一节　快件查验

快件查验主要是指对快件进行安全性及合法性查验、单证检查、包装检查以及对快件的再包装、加贴标识等操作。在快件处理中心，处理人员要对快件进行查验，区分正常快件、禁限寄物品、航空违禁品以及其他特殊快件等。正常快件按规定程序尽快进入下一个流转环节，对禁限寄物品、航空违禁品以及其他特殊快件，进行必要的、正确的处理，确保快件安全和快件分拣工作能够顺利进行。

一、快件查验的基本原则

快件查验必须正确操作，并遵循一定的原则，快件查验的基本原则包括：

1. 规范操作

在查验快件时，必须轻拿轻放，不允许抛、扔快件，需要拆解快件或进行其他必要操作时，必须规范操作。

2. 安全第一

做好员工安全思想教育工作,在快件查验过程中,必须严格遵守各项安全生产制度,确保快件安全及快件处理员人身安全。在使用安检设备查验快件时,能够安全、准确地辨识禁寄品及航空违禁品。

3. 准确快速

快件处理员应及时处理查验过程中发现的问题,并快速完成快件查验工作,保证快件时效。

4. 依法依规处理

严格遵守禁寄物品相关法律法规,在快件查验过程中,发现禁限寄物品,依照快递禁寄物品指导目录及其他相关法律法规处理。

二、安检设备的使用

在快件处理场地,安检机(图2-1)是快递企业最常用的快件安全检查设备,使用安检设备进行快件查验,可以快速发现禁寄物品。安检机能够准确识别快件中私自携带的手枪、子弹、雷管、炸药、管制刀具、毒品等危险品,对航空管制物品也能很好地识别,有效提高了危险品的查堵效率,消除了危险品带来的安全隐患,为保证国家公共设施、人员安全、快件安全起到了至关重要的作用。

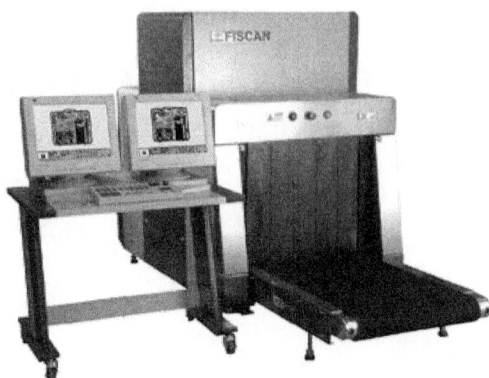

图2-1 安检机

(一)安检机图像识别的方法

物品经过安检机时会呈现特定的图像(图2-2),安检工作人员必须知道如何判定安检机呈现出来的图像,避免违禁物品进入寄递渠道。

图 2-2　实物与过安检机图像对比

判定安检机检测图像的方法有以下几种:

1. 颜色判定法

颜色判定法是指通过颜色判定快件是否为违禁品的方法。利用 X 射线穿透不同性质物品和不同密度物品反射数据不同的特性,快件通过安检机时会呈现不同的颜色,安检工作人员可以根据物品呈现出来的颜色来判定物品是不是违禁物品。通常的标准为:金属/无机物呈现出蓝色,有机物呈现出橙色,混合物品呈现出绿色,一般穿透不了的物品呈现黑色。

2. 形状判定法

形状判定法是指通过形状判定快件是否为违禁品的方法。当安检机同时检测多种物品时,会得到不同的反射数据,安检机处理之后会将物品的形状呈现出来,安检员可以清晰分辨出不同物品呈现的形状。

3. 功能键分析判定法

功能键分析判定是指充分利用功能键的分析功能对图像进行综合分析比较并且判定快件是否为违禁品的方法。比如,反转键有利于看清颜色较浅物品的轮廓,有机物/无机物剔除键有利于判断物品的性质。

4. 结构分析判定法

结构分析判定是利用物品构造的不同对快件进行分析判定的方法。一般物品都有自己的构造,通过 X 射线照射之后如果发现物品内部构造异常时,检测人员应该高度重视,避免违禁物品进入寄递渠道。

5. 重叠判定法

重叠判定是指一些物品进行安检时,在安检机通道里会重叠在一起,经过对层次色彩、形状的剖析,判别出物体原形,从而对快件进行鉴别的方法。

(二)安检机对重点违禁物品的识别

1.枪支识别

枪支是恐怖分子使用最多的一种破坏工具,危害性最大,使用安检机很容易发现快件中的枪支。钢铁在安检机监视器或显示器上一般呈深蓝色和红色,而枪支大多是由钢铁构成,枪支在安检机图像上会显示清晰的枪体轮廓,安检人员极易辨认。而仿真枪多用铝合金制成,金属密度没有真枪大,枪管的构造也与真枪不同。仿真枪枪管内有一个堵头,所以安检机图像并不完全呈深蓝色和红色,只在枪支的个别边缘地方有一些蓝色和红色。至于玩具手枪、塑料枪,在监视器上则呈现绿色或橙色。综上,安检人员可以从安检机图像的颜色和结构上区分真枪、仿真枪和玩具枪。

2.雷管识别

雷管包括火雷管、电雷管和延期雷管。一般引信体使用的雷管多为 8 号雷管。雷管内部装有起爆药和猛炸药,因起爆药不同,外壳便有铜的、铝的和纸的区分。雷管是发现爆炸物品的关键部件,雷管在监视器上呈现明显的特征,对雷管的识别要格外仔细认真。电雷管和火雷管的区分是,电雷管的一端有两根电线,一旦接上电源,即可引爆炸药。安检人员在工作中要格外注意发现有无电池、集成电路块,小遥控汽车、半导体收音机、收录机、钟表等都是隐匿电雷管的好载体。

3.管制刀具识别

管制刀具包括匕首、弹簧刀、自锁刀、少数民族工艺佩刀,及时发现各种隐匿的刀具是打击和防范各种破坏活动的前提和保证。刀在没有伪装的情况下,安检机极易发现。刀在监视器上有明显的形状和轮廓,颜色多为深蓝色和绿色。此外,还要特别注意刀放置的角度,以免漏检。

4.爆炸物识别

爆炸物主要由炸药和引信体组成,发现爆炸物的引信体很容易。炸药多为有机物,有机物在安检机上显示为橘黄色,根据炸药的种类、密度和数量呈现由浅到深的橘黄色。有些炸药有特定的形状和结构,如块状三硝基甲苯(TNT)、简装硝铵炸药等,都是较容易发现的。

5.毒物毒品识别

毒物毒品指氰化钾、氢氰酸、砒霜、海洛因、大麻、鸦片等,对人、畜、植物有不同程度的伤害。海洛因在安检机的监视器上多呈现出特有的橘黄色。海洛因呈白色粉末状,常压成规则的白块形状,根据海洛因多少,在安检机监视器上呈现的橘黄色深浅不一。

【案例2-1】

> **积极配合毒品查缉,快递企业受国家禁毒办表扬**
>
> 2018年12月,湖南某快递企业安检人员在对两件由缅甸寄至邵阳的快递进行过机安检时发现异常,随即报告。经公安机关检查并鉴定,该快件夹带毒品海洛因8.1公斤。依此线索,公安机关成功抓获涉毒快件的犯罪嫌疑人,该快递企业受到国家禁毒办表扬。

(三) 智能安检机的应用

传统的安检机需要工作人员持续观察安检机显示器,以便能够检测出禁寄物品,防止漏检,一旦快件量过大,将会增加工作人员负担,同时,工作人员的眼睛疲劳也会造成工作效率下降。随着科学技术的不断发展,智能安检机(图2-3)开始逐步应用到快件处理场地。与传统X光安检机相比,智能安检机更方便,解放了更多的人力物力,具有更高的检查效率和准确性。

图2-3 智能安检机

1. 智能安检机的优点

(1)科学精准识别禁寄品。

智能安检机可以通过X光图像信息进行从线条到材质的多层次拆解,科学识别旅客行李中的液体、刀具、打火机、烟花爆竹等疑似危险品,并能快速地标注出相似度,提升了检出率。

(2)提高检测速度和检测质量。

智能安检机具有"自我学习"能力,操作人员提前把一些样品放进去,在测试过程中,智能安检机会不断地学习,通过学习,提高检测速度和检测质量,达到最优效果。

(3)更加节能。

智能安检机具备自动感应、一键关机功能。在有物品通过时自动开启检测物品,没有物品通过时就会自动关闭,更加节能。

2. 智能安检机的主要功能

（1）自动诊断识别功能。

智能安检机可以自动、快速诊断识别出违禁物品，清晰展现物品图像。

（2）具有多功能页面。

智能安检机具有一个多功能操作页面，在多功能操作页面能够同时操作多项功能。

（3）呈现立体图像。

有些智能安检机采用计算机断层扫描技术，对被检查物品进行360度的X光照射，呈现立体图像，可以更直观地检测快件。

（四）安检机的维护与保养

安检机作为精密仪器，在使用过程中要注意养成安检机维修以及日常保养的习惯，以确保安检机长期稳定地运行，并且可以大大延长机器的使用效果和寿命。

（1）安检机应该安装在通风、干净、干燥的环境中，忌高温、潮湿和日光的直接照射。

（2）打开安检机左右面板，仔细检查各个线路接头，发现元件或者接线头有松动的现象，要立刻进行紧固。

（3）安检机应安装在平整的地面，保持安检机的平稳，升起固定支架。保养时先对安检机表面除尘，用毛刷和吸尘器将灰尘清除干净。

（4）有元器件锈蚀时，安检机维修要用砂纸轻轻擦拭，必要情况下进行更换。

（5）如果有元器件损坏时，应查明原因后再行换用新的器件。器件更换以后，相关的参数都要进行调整，然后才能正常使用。

（6）定期保养安检机器上方的X射线指示灯，有物品通过时红色的指示灯亮。

（7）正常情况下安检机通电时，绿色的指示灯亮。

（8）在运转的安检仪传送带上放上不透明的物体，射线能够正常开启。设备断电后，用干的绸布将光源窗口和通道壁上擦拭干净。

（9）紧急停止按钮。按下紧急停止按钮，设备能立刻断电，按钮没有复位时，设备不能进行再次启动。

（10）查散热口是否被遮挡，并清除其上的灰尘。

（11）检查安检机传送带相对于马达是否已经偏离。

三、国内快件的查验及处理

在快件查验过程中，发现禁寄物品、航空违禁品及特殊寄递物品，应按照法律、法规及操作规范处理。

（一）禁寄物品

2016 年 12 月 16 日，国家邮政局官网公布《国家邮政局　公安部　国家安全部关于发布〈禁止寄递物品管理规定〉的通告》（以下简称《规定》）。《规定》共 17 条，自发布之日起施行，国家邮政局 2007 年 11 月 6 日发布的《禁寄物品指导目录及处理办法（试行）》同时废止。

1. 禁寄物品的主要种类

根据《规定》所附《禁止寄递物品指导目录》，枪支（含仿制品、主要零部件）弹药，管制器具，爆炸物品，压缩和液化气体及其容器，易燃液体，易燃固体、自燃物质、遇水易燃物质，氧化剂和过氧化物，毒性物质，生化制品、传染性、感染性物质，放射性物质，腐蚀性物质，毒品及吸毒工具、非正当用途麻醉药品和精神药品、非正当用途的易制毒化学品，非法出版物、印刷品、音像制品等宣传品，间谍专用器材，非法伪造物品，侵犯知识产权和假冒伪劣物品，濒危野生动物及其制品，禁止进出境物品，其他物品等 19 项共 188 种物品禁止寄递。

【案例 2-2】

非法收购、出售、寄递野生动物制品获刑

2018 年 10 月至 2019 年 10 月间，陈某帅、蔡某等 19 人，以牟利、药用、收藏等目的，通过微信网络平台展示、看货、询价，使用银行卡、微信、支付宝转账进行资金结算，利用寄递渠道实施非法收购、出售珍贵、濒危野生动物制品行为共计 30 余次，涉案野生动物制品羚羊角 900 余根，象牙制品 30 余件 4900 余克，犀牛角制品 7 件 160 余克及其他珍贵、濒危野生动物制品若干，合计价值人民币 2600 余万元。

2020 年 12 月 1 日，人民法院以非法收购、出售、寄递珍贵、濒危野生动物制品罪判处陈某帅等人有期徒刑十二年至五个月拘役不等的刑罚，被告人陈某帅等 6 人不服一审判决，提出上诉。2021 年 4 月 1 日，二审法院裁定驳回上诉，维持原判。检察机关联合公安机关，在侦查取证的同时，对相关企业进行法治宣传，对辖区内快递企业进行走访约谈，提醒相关企业严格落实寄递管理制度，告诫提醒依法依规经营。

《规定》对禁寄物品涵盖范围作出了较为清晰的界定，将禁寄物品划分为三大类别：

（1）危害国家安全、扰乱社会秩序、破坏社会稳定的各类物品；

（2）危及寄递安全的爆炸性、易燃性、腐蚀性、毒害性、感染性、放射性等各类物品；

（3）法律、行政法规以及国务院和国务院有关部门规定禁止寄递的其他物品。

2. 寄递企业与禁寄物品相关的责任

寄递企业应当按照《规定》的要求，落实好寄递企业禁寄物品相关工作：

（1）公示、公布禁寄物品相关规定。

寄递企业应当在其营业场所公示并以其他方式向社会公布禁寄物品相关规定及指导目录。

（2）建立健全安全教育培训制度。

寄递企业应当强化从业人员对禁寄物品的防范意识、辨识知识和处置能力，未经安全教育和培训的从业人员不得上岗作业。

（3）严格执行收寄验视制度。

寄递企业依法严格验视用户交寄的物品是否属于禁寄物品，以及物品的名称、性质、数量等是否与快递运单所填写的内容一致，防止禁寄物品进入寄递渠道。

（4）建立健全安全检查制度。

寄递企业应当建立健全安全检查制度，配备符合国家标准或者行业标准的安全检查设备，安排具备专业技术和技能的人员对快件进行安全检查。

（5）制定禁寄物品处置预案。

寄递企业应当制定禁寄物品处置预案，并向邮政管理部门备案。当情况发生变化时，企业应根据情况变化及时修订禁寄物品处置预案，寄递过程中发现禁寄物品的，应当按照预案规定妥善处置。

寄递企业违法收寄禁寄物品的，邮政管理部门依照《中华人民共和国邮政法》《中华人民共和国反恐怖主义法》等法律、行政法规的规定予以处罚。对及时发现、报告禁寄物品，维护国家安全、公共安全和人民生命财产安全，或者有效避免、减少寄递安全事故的单位和个人，邮政管理等部门可依法给予表彰。

【案例 2-3】

及时报告可疑包裹，快递企业受地方政府表彰

2018 年 7 月，重庆某快递企业在对快件进行查验时，发现可疑包裹，立即向邮政管理部门报告，经鉴定为非法出版物。公安机关依据该线索抓获 9 名犯罪嫌疑人，捣毁地下组织团伙 1 个，捣毁非法资料制作窝点 2 处，收缴非法资料近万份等有关涉案物品。案件破获后，该快递企业受到了地方政府的表扬和奖励。

3. 对寄递用户的限制性规定

《规定》明确,用户交寄邮件、快件应当遵守法律、行政法规以及国务院和国务院有关部门关于禁寄物品的规定,不得交寄禁寄物品,不得在邮件、快件内夹带禁寄物品,不得将禁寄物品匿报或者谎报为其他物品交寄。

用户在邮件、快件内夹带禁寄物品,将禁寄物品匿报或者谎报为其他物品交寄,造成人身伤害或者财产损失的,依法承担赔偿责任;构成犯罪的,依法追究刑事责任;尚不构成犯罪的,依照《中华人民共和国治安管理处罚法》及有关法律、行政法规的规定处罚。

【案例 2-4】

在布鞋中藏匿冰毒被判刑

吸毒人员胡某某电话联系被告人黄某某购买"冰毒"(甲基苯丙胺),双方在电话中约定以快递邮寄、微信付款的方式交易。被告人黄某某于 2019 年 7 月 18 日、7 月 23 日、8 月 23 日三次将"冰毒"藏在布鞋中,在武汉市通过某快递公司寄给在芜湖市鸠江区的胡某某,总重量合计 2.5 克。

经芜湖市鸠江区人民检察院提起公诉,芜湖市鸠江区人民法院 2020 年 8 月以贩卖毒品罪判处被告人黄某某有期徒刑三年,罚金 2000 元。

4. 对含有禁寄物品快件的处理方法

1) 快递从业人员对禁寄物品的处理方法

快递从业人员在寄递过程中遇到禁寄物品,应当立即处理:

(1) 在收寄过程中发现禁止寄递物品的,应当拒绝收寄。

(2) 发现已经收寄的快件中有疑似禁止寄递物品的,应当立即停止分拣、运输、投递。

(3) 对快件中依法应当没收、销毁或者可能涉及违法犯罪的物品,应当立即向有关部门报告,并配合调查处理。

(4) 对其他禁止寄递物品、限制寄递物品或者一同查处的禁止寄递物品之外的物品,快递从业人员应当通知寄件人或者收件人,限期领回物品或依法进行其他妥善处理。

2) 寄递企业对禁寄物品的处理方法

寄递企业完成收寄后发现禁寄物品或者疑似禁寄物品的,快递企业应坚持"即查即停"原则,立即报告事发地邮政管理部门,并按下列规定处理:

(1) 发现各类枪支(含仿制品、主要零部件)弹药、管制器具等物品的,应当立即报告公安机关。

（2）发现各类毒品、易制毒化学品的，应当立即报告公安机关。

（3）发现各类爆炸品、易燃易爆等危险物品的，应当立即疏散人员、隔离现场，同时报告公安机关。

（4）发现各类放射性、毒害性、腐蚀性、感染性等危险物品的，应当立即疏散人员、隔离现场，同时视情况报告公安、环境保护、卫生防疫、安全生产监督管理等部门。

（5）发现各类危害国家安全和社会稳定的非法出版物、印刷品、音像制品等宣传品的，应当及时报告国家安全、公安、新闻出版等部门。

（6）发现各类伪造或者变造的货币、证件、印章以及假冒侵权等物品的，应当及时报告公安、工商行政管理等部门。

（7）发现各类禁止寄递的珍贵、濒危野生动物及其制品的，应当及时报告公安、野生动物行政主管等部门。

（8）发现各类禁止进出境物品的，应当及时报告海关、国家安全、出入境检验检疫等部门。

（9）发现使用非机要渠道寄递涉及国家秘密的文件、资料及其他物品的，应当及时报告国家安全机关。

（10）发现各类间谍专用器材或者疑似间谍专用器材的，应当及时报告国家安全机关。

（11）发现其他禁寄物品或者疑似禁寄物品的，应当依法报告相关政府部门处理。

（二）航空违禁品

航空快件中的违禁物品近几年呈爆发性趋势增长，违禁物品的危害性逐步加重，直接危害到航空及公共安全，快递企业应加大对航空快件中违禁物品的检查力度。航空违禁品是指威胁航空飞行安全的物品，即在航空运输中，可能明显危害人身健康、安全或对财产造成损害的物品。

发运航空件时，除了遵循国家有关的禁限寄规定外，还要遵循国家中国民用航空局有关的禁限寄规定。对于违反国家禁寄规定的物品，严禁收寄；对于符合国家禁限寄规定，但是不符合航空运输安全的物品，在收寄时应明确告知客户，并在快件外包装上粘贴"汽运"或"陆运"标识，禁止发运航空件。

1. 航空违禁品的种类

航空违禁品是指威胁航空飞行安全的物品，主要包括：

（1）枪支和警械。

包括各种类型的军用、民用枪支、运动枪、猎枪、信号枪、麻醉注射枪、样品枪和逼真的玩具枪等。

（2）弹药和爆炸物品。

包括炸弹、手榴弹、子弹、照明弹、教练弹、烟幕弹、炸药、引信、雷管、导火索、导雷索及其他爆炸物品和纵火器材，弹药和爆炸物品上须有相应的爆炸品标志，如图 2-4 所示。

图 2-4 爆炸品标志（1.4、1.5、1.6 为爆炸品的等级）

（3）管制刀具。

包括匕首、三棱刀（包括机械加工用的三棱刮刀、带有自锁装置的弹簧刀以及其他属于管制刀具类的单刃、双刃、三棱刀）。

（4）管制刀具以外的利器或钝器。

主要包括管制刀具以外的利器或钝器以及其他被认为可能危害航空安全的各种器械。

管制刀具以外的利器主要包括菜刀、大剪刀、大水果刀、大餐刀、工艺品刀、剑，文艺体育单位表演用刀、矛、钗、戟，少数民族生活用的佩刀、佩剑、斧子等。

管制刀具以外的钝器主要包括短棍、加重或有尖钉的手杖、铁头登山杖等。

（5）易燃物品。

包括酒精、煤油、汽油、硝化甘油、硝铵、松香油、橡胶水、油漆、丁烷液化气罐及其他瓶装压缩气体和液化气体、硫化磷、闪光粉、黄磷、硝化纤维胶片、金属钠、金属钾、烟花、鞭炮等。各种易燃物品标志如图 2-5 所示。

图 2-5　各种易燃物品标志

（6）毒害品。

包括氰化钾、砷、有毒农药，氯气、有毒化学试剂、灭鼠药剂等，毒害品标志如图 2-6 所示。

（7）氧化剂。

包括烟雾剂、发光剂、过氧化钠、过氧化钾、硝酸铵、过氧化铅、过氧醋酸等各种无机氧化剂和有机过氧化物（图 2-7）等。

图 2-6　毒害品标志

图 2-7　氧化剂和有机过氧化物标志

（8）腐蚀物品。

硫酸、硝酸、盐酸、氢氧化钾、氢氧化钠、蓄电池等具有腐蚀性的物品，腐蚀品标志如图 2-8 所示。

（9）放射性物质。

放射性同位素等放射性物品，其标志如图 2-9 所示。

图 2-8 腐蚀品标志

图 2-9 放射性物质标志

（10）易传播病毒的物品。

感染性物质（图 2-10）包括传染性细菌、病毒和带有活病原体的物品等。

（11）其他危害民用飞机飞行安全的危险物品。

包括有特殊刺激性气味的物品和未加消磁防护包装的磁铁、磁钢等含强磁的制品（图 2-11）。

图 2-10 感染性物质标志

图 2-11 强磁标志

2. 隐含危险品的寄递物品

发运航空快件时，寄件人发运的物品中可能隐含有某些危险品，应认真查验，必要时寄件人须出具非危险品证明。

常见隐含危险品的物品包括：

（1）航材、汽车零部件：隐含磁性、油料、蓄电池、压缩气体等。

（2）呼吸器（图 2-12）：隐含压缩气体、化学氧气发生器或液化氧气等。

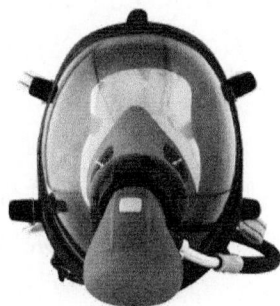

图 2-12 呼吸器

【案例 2-5】

氧气发生器导致空难

1996 年美国 value jet 航空公司的 592 航班(dc-9 飞机)运输使用过的氧气发生器,因氧气发生器意外发生反应,造成货舱内剧烈燃烧(温度高达 1648.9 摄氏度),592 航班在起飞后 15 分钟飞机坠毁,机上 110 名旅客和机组人员全部罹难。

(3)野营用具:隐含易燃气体(丁烷、丙烷等)、易燃液体(煤油、汽油、酒精)、易燃固体(乙胺、火柴)等。

(4)低温物品:可能含有低温液化气体,如液氮、氦、氖、氩等。

(5)牙科器械:可能含有易燃的树脂或者溶剂,压缩或者液化气体,汞或者放射性物质等。

(6)诊断标本:可能含有感染性物质。

(7)潜水设备:可能含有压缩气体、高照明度的潜水灯具等。

(8)电气设备:可能带有磁性物质、开关或者电子管含汞,或含有电池等。

(9)摄影和宣传媒介设备:可能含有烟火设备、内燃发动机、蓄电池、燃料、热能发生器等。

(10)药品:可能含有放射性材料、易燃液体、易燃固体、氧化剂、毒性和腐蚀性物质等。

(11)修理工具箱:可能含有有机过氧货物、黏合剂、树脂、松解液等。

(12)金属建筑材料、金属管材:可能含有影响飞机仪器的磁性物质。

3. 对含有航空违禁品快件的处理方法

所有航空快件在交付运输前,应当进行安检机检查,若发现含有航空违禁品的快件,应该采取以下措施:

(1)发现违反国家禁限寄规定的快件,按照国家有关禁限寄物品处理办法处理。

(2)对禁止托运的物品或超出限量托运的物品暂时扣留,按滞留件处理,由专人、单独场地保管,并及时告知客户。

(3)对于能够转陆路运输的快件,应积极与客户沟通,让客户清楚此种"违禁品"不能走航空件,如侥幸发往机场,同样会被航空公司"安检部门"查获并扣件,从而延误到件时间;同时,如果因该物品导致飞机发生意外,公安部门还会追究相关的刑事责任,不能发航空件的部分常见物品如图 2-13 所示。

(4)与客户沟通后,快件加贴"转陆运"标识,按陆运中转关系正常传递。

图 2-13　不能发航空件的部分常见物品

(三) 特殊物品寄递

快件处理员在进行快件查验时,遇到特殊物品,要甄别寄递的特殊物品在包装、保价、数量限制等方面是否按照要求操作,发现未按照要求处理的,必须单独挑出,采取补救措施。寄递的特殊物品主要包括易碎品、贵重物品、限寄物品、锂电池等。

1. 易碎品寄递

易碎品外包装应放入泡沫、气泡垫等材料,采用防震包装。防震包装可以对快件起到良好的防震、减冲效果,减轻运输途中的各种问题。同时,应在易碎品外包装加贴易碎品指示标志。

2. 贵重物品寄递

寄递的贵重物品大多都是一些小件物品,在查验过程中主要应关注以下事项:

(1)单独封装。

贵重物品价值一般较高,为避免互相碰撞,必须进行单独封装。

(2)必要填充。

为保证贵重物品的安全,防止破损,对贵重物品进行包装时必须根据贵重物品特性,进行必要的填充。

(3)保价或保险。

为避免在寄递过程中贵重货物毁损造成赔付纠纷,在贵重物品寄递时,必须提醒客户对快件进行保价或投保保险。

3. 限寄物品

限寄物品是指可以寄递,但是有寄递数量限制的物品,目前限制寄递物品最常见的是烟类物品。

1）传统香烟

普通香烟或者雪茄，在国内，每件快递最多只能寄 2 条。

2）电子烟

根据《中华人民共和国邮政法》《中华人民共和国烟草专卖法》及其实施条例、《电子烟管理办法》的规定，寄递电子烟产品、雾化物、电子烟用烟碱等实行限量管理。

（1）电子烟产品。

寄递电子烟产品每个快件的数量限制：2 个烟具；6 个电子烟烟弹（液态雾化物）或烟弹与烟具组合销售的产品（包括一次性电子烟等），烟液容量合计不得超过 12 毫升。

（2）烟液等雾化物及电子烟用烟碱。

寄递烟液等雾化物及电子烟用烟碱，每件限量为 12 毫升。

（3）电子烟类快件数量限制。

寄递电子烟类快件的数量限制为每人每天限寄一件，不准多件寄递。电子烟类快件包括烟具、电子烟烟弹（液态雾化物）、烟弹与烟具组合销售的产品（包括一次性电子烟等）、烟液等雾化物、电子烟用烟碱。

（4）需超量寄递电子烟产品的情形。

因技术审评、质量监督检验和鉴别检测等特殊情形，需超量寄递烟具、电子烟烟弹（液态雾化物）、烟弹与烟具组合销售的产品（包括一次性电子烟等）、烟液等雾化物、电子烟用烟碱等，按照属地烟草专卖行政主管部门的相关要求办理。

（5）取得烟草专卖许可证的电子烟交易主体之间的寄递。

已依法取得烟草专卖许可证的电子烟交易主体之间寄递烟具、电子烟烟弹（液态雾化物）、烟弹与烟具组合销售的产品（含一次性电子烟等）、烟液等雾化物、电子烟用烟碱等，按照烟草专卖行政主管部门的规定办理。

4. 酒类

酒精不允许寄递，寄递的白酒度数不能超过 56 度。同时，在查验时需注意酒类快件是否符合特定要求。

（1）寄递散酒，需将"散酒"装进玻璃瓶之中，并且将瓶盖塞紧封好，确定无渗漏液。

（2）如需保鲜，周围必须冷冻（加冰块），冰块需要密封好，不得渗水、漏液。

（3）包装时周围应使用成型的泡沫包装，包装好后，周围还应用有充气胶囊的充气袋包裹好。

（4）外包装需用高强度纸壳箱体封装。纸壳箱体外层应有"玻璃易碎品"和酒杯的"向上"标识。

（5）快递员称重，付款，填写单号，如属于名贵品种，需申请"快递保价"事宜。

（6）所有酒类包装必须严格按照快递公司的要求执行，整箱或者箱内个体不符合包装要求的（如商业包装无法按签订协议时的包装进行加固及加填充物），都不能收寄。

5. 锂电池寄递

锂电池具有高能量密度、高电压等优点，广泛应用于水力、火力、风力和太阳能电站等储能电源系统，以及电动工具、电动自行车、电动摩托车、电动汽车、军事装备、航空航天等多个领域，如图 2-14 所示。

图 2-14 锂电池的应用

锂电池对推动能源绿色转型，推进碳达峰、碳中和有重要意义。我国是锂电池生产和出口大国，但锂电池属于危险货物，在运输时可能会发生起火、冒烟及爆炸等事故，其运输安全必须得到重视。

【案例 2-6】

锂电池爆炸导致飞机坠毁

2010 年 9 月，一架美国联合包裹服务公司（UPS）的波音 747-400 型货机在迪拜机场起飞后不久坠毁，经调查，事故源头为机上搭载的 81000 颗锂电池爆炸，引发货舱起火导致飞控失效坠毁，两名机组人员丧生。

1）锂电池分类

常规的锂电池主要有 3 种类型，包括锂金属电池、锂离子电池、同时含有锂金属原电芯和锂离子电芯的电池。联合国《关于危险货物运输的建议书　规章范本》（TDG）中锂电池运输分类体系的分类如表 2-1 所示。

锂电池分类　　　　　　　　　　　　　　　　表 2-1

UN 编号	正确运输名称	危险种类
3480	锂离子电池组（包括锂离子聚合物电池）	9
3481	装在设备中的锂离子电池组（包括锂离子聚合物电池）	9
3481	与设备打包在一起的锂离子电池组（包括锂离子聚合物电池）	9
3090	锂金属电池组（包含锂合金电池）	9
3091	装在设备中的锂金属电池组（包含锂合金电池）	9
3091	与设备打包在一起的锂金属电池组（包含锂合金电池）	9
3171	电池供电车辆	9
3536	装在货运装置中的锂电池组	9

2）锂电池包装

依据《关于危险货物运输的建议书　规章范本》（TDG），锂电池主要有以下包装运输要求：

（1）锂电池应单独包装于完全封闭的内包装，如吸塑包装或者纸板，以确保每个电池都能得到保护（图 2-15），安装在设备中的锂电池除外。

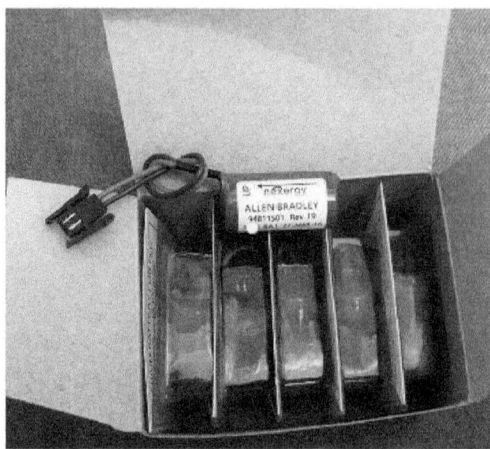

图 2-15　锂电池包装

（2）锂电池作为危险货物，运输时须使用符合 Ⅱ 类危险货物包装要求的包装，符合豁免条件的除外。

（3）包装上需要张贴规定的锂电池标签和标记（图 2-16），锂离子电池外壳需要标注瓦时数值。

a)锂电池9类标签　　　　　　b)锂电池标记　　　　　　c)仅限货机运输标志

图 2-16　锂电池标签和标记

注：2019 年 1 月 1 日起必须使用新版锂电池标签和第九类锂电池危险品标签，旧的锂电池操作标签作废。

（4）锂电池快件应装入坚固的包装箱内或安装在设备中。

电池芯和电池必须放置于可将其完全封闭的内包装中，再放入坚固硬质外包装（图 2-17），每个包装件必须能承受任意方向的 1.2 米跌落试验。

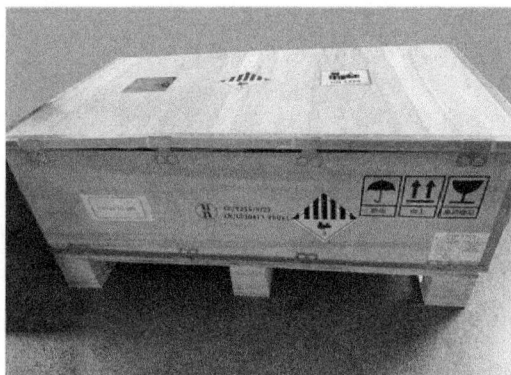

图 2-17　锂电池外包装

（5）电池应当有防短路装置，以及防止意外启动措施，产品应固定在包装内，以免电池移动而导致短路。

3）锂电池包装形式

不同类型的锂电池，在包装时要采用不同的形式，锂电池包装有以下三种形式：

（1）软包。

软包即铝塑复合膜包装，这种形式锂电池的聚合物材料可以做成任意形状。

（2）铝壳包装。

铝壳包装一般适用于大容量锂电池，损坏时存在燃烧可能，但是基本不存在爆炸可能。

(3)钢壳包装。

锂电池包装早期使用的基本都是钢壳,但是后来因为重量性能等原因曾被铝塑膜和铝壳替代。随着技术的进步,大容量电池钢质材料的物理稳定性、抗压力远远高于铝壳材质,在设计结构优化后,安全装置放置在电池芯内部,钢壳柱式电池的安全性已经达到了一个新的高度。

4)空运锂电池要求

安装在设备中的锂电池(UN3481)和安装在设备中的锂金属电池(UN3091)可以进行航空运输,其他锂电池作为危险品不允许作为快件进行航空运输,只能走陆运。具体要求为:

(1)必须安装在设备中。

(2)锂离子电池芯的瓦时额定值不超过 20 瓦时。

(3)锂离子电池的瓦时额定值不超过 100 瓦时。

(4)锂金属电池芯的锂含量不超过 1 克。

(5)锂金属或锂合金电池的合计锂含量不超过 2 克。

(6)每个锂电池芯或锂电池的所属类型证明需满足 UN38.3 试验要求,主要包括高度模拟、高低温循环试验、振动试验、冲击试验、55 摄氏度外短路、撞击试验/挤压试验、过充电试验、强制放电试验等,以确保锂电池运输安全。

(7)单个包装件内不能超过 4 个锂电池芯或 2 个锂电池,单个包装内的锂电池芯或锂电池净重不得超过 5 千克。

(8)必须做好防短路措施。应采取措施保护电池芯和电池,防止发生短路;必须采取防意外启动措施;被制造商识别为存在安全缺陷或已经损坏,有可能产生危险放热、着火或短路的电池芯和电池禁止空运;废旧锂电池和回收或销毁的锂电池禁止空运(除非始发国和经营人所在国主管当局批准)。

5)锂电池快件运输单证

锂电池快件出口报关,除提供通常情况下需提供的报关单、装箱单、发票、报关委托书、销售合同、申报要素等外,还应提供以下单证:

(1)化学品安全技术说明书。

即 MSDS(Material Safety Data Sheet),亦可译为化学品安全说明书或化学品安全数据说明书。MSDS 是用来阐明化学品的理化特性以及对使用者的健康可能产生的危害的一份文件,主要作用是证明该产品的安全性。

(2)锂电池危包证。

通常所说的"危包证"就是《出入境货物包装性能检验结果单》(图 2-18)和《出境危

险货物运输包装使用鉴定结果单》（图2-19），即性能证和使用证。

中华人民共和国出入境检验检疫
出入境货物包装性能检验结果单

编号_____

申请人				
包装容器名称及规格	×××		包装容器标记及批号	×××
包装容器数量	×××	生产日期	自　年　月　日至　年　月　日	
拟装货物名称	×××	状态　×××	比重　×××	

检验依据	×××			
		拟装货物类别（划"×"）	危险货物 一般货物	
		联合国编号	×××	
		运输方式	×××	

检验结果

×××

签字：　　　　　　日期：　　　年　月　日

包装使用人	×××
本单有效期	截至　　　年　月　日

分批使用核销栏	日期	使用数量	结余数量	核销人	日期	使用数量	结余数量	核销人

说明：1.当合同或信用证要求包装检验证书时，可凭本结果单向出境所在地检验检疫机关申请检验证书。
　　　2.包装容器使用人向检验检疫机关申请包装使用鉴定时，须将本结果单交检验检疫机关核实。

图2-18　出入境货物包装性能检验结果单

性能证一般由提供包装的正规厂家出具；使用证需携带性能证去生产危险品工厂的当地商检局申请，在商检局对产品进行检验后，予以颁发。锂电池危包证还含有包装技术说明书。

按照联合国《关于危险货物运输的建议书　规章范本》（TDG）的规定，需根据锂电池的容量来确定是否需要使用危险货物包装。需使用危险货物包装的锂电池为锂金属电池或锂合金电池，锂含量大于1克，对于锂金属或锂合金电池组，合计锂含量大于2克；锂离子电池，瓦特-小时的额定值超过20瓦时，对于锂离子电池组，瓦特-小时的额定值超过100瓦时。

中华人民共和国出入境检验检疫
出境危险货物运输包装使用鉴定结果单

编号_____

申请人	×××		
使用人	×××		
包装容器名称及规格 ×××		包装容器标记及批号	
货物包装类别	×××		
包装容器性能 检验结果单号	×××		
运输方式	×××		
危险货物名称	（中文）×××	危险货物类别	×××
	（英文）×××	联合国编号	×××
危险货物状态	×××	危险货物密度	×××
报检包件数量	×××	单件容积 ×××	单件毛重 ×××
危险货物灌装日期	年　月　日		单件净重 ×××
检验依据	×××		
鉴定结果	××× 签字：　　　　日期：　　年　月　日		
本结果单有效期	截至　　年　月　日		

分批出境核销栏	日期	出境数量	结余数量	核销人	日期	出境数量	结余数量	核销人

说明：1.外贸经营单位必须持本结果单正本向有关运输部门办理危险货物出境托运手续。
　　　2.当合同或信用证要求包装检验证书时，可凭本结果单向出境所在地检验检疫机关
　　　申请签发检验证书或根据需要办理分证。

图 2-19　出境危险货物运输包装使用鉴定结果单

（3）运输鉴定书。

空运鉴定全称为《航空运输条件鉴别报告书》，空运运输鉴定书需要在电池持有UN38.3 测试报告后才能申请。快件运输条件鉴定书是一份了解货物运输危险性的证明文件，该文件的作用是证明货物运输的安全性。

（4）UN38.3 测试证书。

即根据《联合国危险物品运输试验和标准手册》的第 3 部分 38.3 款，任何锂电池国际运

输均需要通过该项测试,取得 UN38.3 测试证书,确保锂电池产品在运输途中的安全。

(四)中国海关禁寄规定

1. 中国海关禁止进境物品

中国禁止进境物品,通常在海关就能够识别并截获。但作为快件处理员,同样应当掌握相关要求,避免海关漏检的禁止进境物品流入中国境内。2022 年 11 月 18 日,中华人民共和国农业农村部、中华人民共和国海关总署(简称海关总署)联合发布《中华人民共和国禁止携带、寄递进境的动植物及其产品和其他检疫物名录》,详细列明了中国海关禁止进境物品。

1)动物及动物产品类

(1)活动物(犬、猫除外)。

包括所有的哺乳动物、鸟类、鱼类、甲壳类、两栖类、爬行类、昆虫类和其他无脊椎动物,动物遗传物质。

(2)(生或熟)肉类(含脏器类)及其制品。

(3)水生动物产品。

干制、熟制、发酵后制成的食用酱汁类水生动物产品除外。

(4)动物源性乳及乳制品。

包括生乳、巴氏杀菌乳、灭菌乳、调制乳、发酵乳,奶油、黄油、奶酪、炼乳等乳制品。

(5)蛋及其制品。

包括鲜蛋、皮蛋、咸蛋、蛋液、蛋壳、蛋黄酱等蛋源产品。

(6)燕窝。

经商业无菌处理的罐头装燕窝除外。

(7)油脂类,皮张,原毛类,蹄(爪)、骨、牙、角类及其制品。

经加工处理且无血污、肌肉和脂肪等的蛋壳类、蹄(爪)骨角类、贝壳类、甲壳类等工艺品除外。

(8)动物源性饲料、动物源性中药材、动物源性肥料。

2)植物及植物产品类

(1)新鲜水果、蔬菜。

(2)鲜切花。

(3)烟叶。

(4)种子、种苗及其他具有繁殖能力的植物、植物产品及材料。

【案例 2-7】

多件活体动物及植物邮件进境被截获

2018 年 10 月济南海关通报,济南海关驻邮局办事处连续从来自德国、意大利、西班牙、匈牙利等国家进境邮件中截获多批禁止进境物。其中有活体蜘蛛、蜈蚣、仙人掌、多肉植物等,其中蜘蛛、蜈蚣为海关国际邮件监管现场业务融合后首次查到的活体动物。寄/收件人均未向海关申报,且不能提供相关证明,海关依法对上述物品进行截留,并实施销毁、检疫处理等措施。

3)其他检疫物类

(1)菌种、毒种、寄生虫等动植物病原体,害虫及其他有害生物,兽用生物制品,细胞、器官组织、血液及其制品等生物材料及其他高风险生物因子。

(2)动物尸体、动物标本、动物源性废弃物。

(3)转基因生物材料。

(4)国家禁止进境的其他动植物、动植物产品和其他检疫物:

①通过携带或寄递方式进境的动植物及其产品和其他检疫物,经国家有关行政主管部门审批许可,并具有输出国家或地区官方机构出具的检疫证书,不受此名录的限制。

②具有输出国家或地区官方机构出具的动物检疫证书和疫苗接种证书的犬、猫等宠物,每人仅限携带或分离托运一只。具体检疫要求按相关规定执行。

③法律、行政法规、部门规章对禁止携带、寄递进境的动植物及其产品和其他检疫物另有规定的,按相关规定办理。

【案例 2-8】

行李箱中惊现完整牛头骨

2020 年 1 月 14 日,厦门海关所属机场海关在洛杉矶飞往厦门的 MF830 次航班中查获完整牛头骨一个,这是该海关今年以来首次查获蹄、骨、角类制品。

当日凌晨,现场关员在执行洛杉矶飞往厦门 MF830 次航班的中转机坪预检任务时,在 X 光机屏幕上发现一个行李箱内呈现完整的牛头骨形状图像,遂对该件异常行李进行布控跟踪。开箱检查后,关员于行李箱中查获一个重达 3.1 公斤的牛头骨,且头骨上镶嵌了绿松石作为装饰。经核实,该牛头骨由一名中国籍旅客携带,系其在美国印第安保留地花费 1000 美金购买的印第安图腾牛头骨,因为猎奇,想带回家作装饰品。该关对上述牛头骨作截留处理。

2.中国海关禁止出境物品

(1)列入禁止进境范围的所有物品。

(2)内容涉及国家秘密的手稿、印刷品、胶卷、照片、唱片、影片、录音带、录像带、激光视盘、计算机存储介质及其他物品。

(3)珍贵文物及其他禁止出境的文物。

(4)濒危的和珍贵的动物、植物(均含标本)及其种子和繁殖材料。

四、国际快件查验注意事项

国际快件在查验时,要关注国际快件单证、清关注意事项以及各个国家或地区海关禁寄规定等方面。

(一)国际快件单证

国际快件的传递需要按要求提供相关单证,快递企业应能够查验国际快件相关单证,以确保符合要求的快件能够快速通关。世界各国进出口要求的单证不完全相同,现列举世界几个主要国家或地区进出口的程序及需要提供的相关单证。

1.欧盟

1)进口

(1)进口申报。

须向海关提交"欧盟统一报关单",99%以电子方式提交海关(各成员国海关均有自己的通关系统)。快递企业获得海关批准后可以直接向海关通关系统录入通关所需信息,之后海关通关系统会自动生成电子报关单。海关批准进口后,将签发《进口入境许可书》。

(2)申报和受理时限。

快递企业可在快件运抵口岸之前提前4天申报(但海关只有在快件运抵后才会接受申报),或在快件运抵口岸后14天内申报。

(3)单证要求。

"欧盟统一报关单"、供货商发票、合同、提单、运单、装货单、装箱清单、保险证明、银行汇票,必要时还应提交重量证书、配额证明、原产地证(或出口国发票上或其他商业文件上的原产地声明)、ATR货物流通证书(仅针对土耳其零关税货物)、商品检验证书、动植物检疫证书、食品卫生检验证书、临时进口证书、特定减免税所需证明、批文、进口货物许可证等。

(4)缴纳税费。

海关接受申报并根据相应规则审核确定商品归类和完税价格后,应根据相关法律法规缴纳关税、增值税、特别消费税、农业税和(或)其他税费。可接受货币为欧元。

(5)验放。

报关文件齐全、足额缴纳税费,海关将予以放行。部分快件需进行查验(如根据风险分析确定的高风险货物等),查验后单货相符的货物,海关将予以放行。

2)出口

出口申报要求与进口相同,出口申报时,除应提供货物原产地、目的国、商品编码、海关手续代码、价格等信息外,还应填写"全球货物统一编码",这是最为重要的一条信息。

(1)出口报关应提交的单证和文件。

①欧盟统一报关单;

②报关所需商业文件(如合同、发票、提单、运单、装箱单、保险单、载货清单等单证);

③运输(转运)文件;

④批文、许可证、认证书和(或)限制性货物出口的许可文件;

⑤计算海关税费的资料;

⑥其他单证。

(2)审单。

海关收到出口报关单后,将审查快递物品是否符合出口管制规定,是否应提交许可证件、检验证件等。

(3)验放。

经海关单证审核无误的出口物品,海关将予以放行(部分物品查验后放行)。

2. 美国

1)进口

美国允许个人进口自用或商用货物并自行办理报关手续。进口人应承担确保其货物符合所有进口规定的责任(如合理标识,符合安全标准,在货物运抵美国之前取得必要的进口许可证等)。在海关报关单上须填写进口人号码,可填写国内税务局营业注册登记号码,如进口人未在国内税务局进行营业注册或系个人进口,则提供社会保险号码。

【案例2-9】

缺乏认证文件险遭退货或销毁

深圳外贸公司的郑先生通过货代用UPS快递发了一大批眼镜到美国亚马逊，货值2万多美金，眼镜到美国清关的时候被海关查扣，海关要求他提供眼镜的Drop Ball test（落球测试，也叫滴珠测试）和FDA认证，否则货物将面临退回或者销毁的境地，郑先生拿采购眼镜货的厂家根本没有任何认证，在进行专业咨询后郑先生了解到，眼镜在美国属于医疗器械，任何出口到美国的眼镜被海关查到时，如果不能提供Drop Ball test和FDA认证，一律不得进入美国国境，郑先生设法获取了授权文件，并快速提交了相关资料，很快货物得到放行。

通过美国海关与边境保护局的"自动化商业系统"提交电子报关单，也可以在海关与边境保护局指定地递交纸质报关单。

（1）一阶段报关。

一阶段报关需要提供的单证主要包括：

①进境舱单、立即交货申请表和特许证或物品验放需要的其他表格；

②进口申报权证明；

③商业发票（无商业发票时，提供形式发票）；

④装箱清单（需要时提供）；

⑤其他用以确定快件是否可以入境的单证；

⑥税费担保证明。

如快件未在规定期限内申报，将被海关作为无人认领快件转至候领仓库，收件人应承担快件存放在候领仓库期间的仓储费用。如快件在候领仓库存放6个月后仍无人认领（申报），将拍卖或销毁。

（2）二阶段报关。

二阶段报关需要提供的单证主要包括：

①快件验放后退给快递企业的一阶段报关单证回执联；

②二阶段报关单；

③计征关税、贸易统计、证明快件已满足所有进口规定而需要的其他单证。

（3）快件查验和单证审核。

海关通过对快件进行查验，对单证进行审核，确定以下情况：

①快件完税价格;

②快件是否需标注原产国,是否需施加特殊标识、标签,标识是否正确;

③快件当中是否有禁止类物品;

④发票是否以正确方式开具;

⑤快件是否存在溢短装,是否与发票不符;

⑥快件当中是否有非法麻醉品等。

快递企业应协调安排快件的查验,以便海关确定单货是否相符。

2)出口

快件出口时,必须办理报关手续,全面、准确填制出口单证信息,并按海关要求交验相关单证,否则快件可能会被扣留、没收,出口时一般应交验以下单证:

①通过"自动化出口通关系统"将快件信息提交美国海关与边境保护局;

②报关所需商业文件(如合同、商业发票、提单、运单、装箱单、保险单、载货清单等);

③目的地管制声明;

④运输(转运)文件;

⑤批文、许可证、认证书和(或)限制性货物出口的许可文件;

⑥计算海关税费和出口退税的资料;

⑦其他单证。

3.日本

1)进口

(1)申报。

一般来说,在快件进入海关监管区或其他海关指定区域后进行申报。申报时,必须提交进口报关单,申报物品数量、价格及其他必要信息。

(2)单证要求。

进口申报时需提交以下单证和文件:

①进口(征收关税)报关单,一式三份;

②发票;

③空运单;

④原产地证书;

⑤装箱清单、运费清单、保险凭证等(必要时提供);

⑥其他法律法规要求提供的许可证、证书等(进口限制类货物时提供);

⑦关于关税和特别消费税减免税的详细说明(适用减免税时提供);

⑧关税缴纳凭证(快件需要课征关税时提供)。

2)出口

快递物品在出口前必须存放在海关监管区或海关指定的其他存放区域。快递企业必须向日本财务省关税局申报物品数量、价格及其他必要信息。

(1)出口申报。

快递企业提交出口报关单,申报出口快件的性质、数量、价格等信息,并随附发票和其他单证。海关会将出口报关单和发票等随附单证进行比对,确认归类是否正确,是否已取得相关出口批文或许可证,快件是否享受减免税,是否需对快件进行查验等。

(2)单证要求。

出口申报时应提交以下单证和文件:

①出口报关单(海关 C-5010 表格);

②发票;

③其他单证和文件:认证书、许可证、批文等。

(3)查验。

原则上海关查验均在海关查验区进行。

(4)放行。

查验后单货相符,则快件可以放行。

4. 俄罗斯

1)进口

(1)进口申报。

按照俄海关法规定,报关人只能是俄罗斯公民。报关行或报关员在接受委托办理报关手续时,应当对委托人提供的情况和文件的真实性、完整性进行审查。报关员应如实准确地填写报关单所列的各项内容,向海关提交必需的文件和资料。

(2)进口报关应提交以下单证和文件:

①进口快件报关单;

②报关所需商业文件(如合同、发票、运单、提单、保险单等单证);

③运输(转运)文件;

④批文、许可证、认证书和(或)限制性物品进口的许可文件;

⑤物品原产地证明文件；

⑥计算海关税费的资料；

⑦报关行证明文件和俄海关颁发的报关员证件。

（3）缴纳进口关税。

按海关计算的税款及时足额缴纳海关税费，包括进口关税、增值税及海关杂费，或按规定办理海关担保手续；当进口物品申报价格低于海关风险价格参数时，需根据海关要求提供相应的合同成交价格证明文件，如无法提供所需文件，俄海关将按照最低风险价格计征关税。

（4）快件放行。

对于报关文件齐全、足额缴纳关税、单货相符的快件，海关应在 3 个工作日内予以放行。

2）出口

（1）出口申报。

出口快件的代理报关要求与进口要求相符。

（2）出口报关应提交以下单证和文件：

①出口物品报关单；

②报关所需商业文件（如合同、发票、运单、提单、保险单等单证）；

③运输（转运）文件；

④批文、许可证、认证书和（或）限制性货物出口的许可文件；

⑤计算海关税费的资料；

⑥报关行证明文件和俄海关颁发的报关员证件。

（3）缴纳出口关税。

属于应缴出口关税的物品，根据海关计算的出口税额及时足额缴纳税费。

（4）出口货物放行。

经海关单证审核和查验无误的出口快件，海关应在 3 个工作日内予以放行。

（二）国际快件清关

国际快件清关是指快件出入一国关境时，依照各项法律法规和规定应当履行的手续。在国际快递业务中，进出境快件的清关是非常重要的作业环节，要想顺利地完成清关作业操作，必须熟练了解清关流程及检验、检疫流程，积极配合海关对快件的监管工作，正确处理清关作业中的异常情况。

1.口岸中心作业

1)对于进境快件的处理

(1)国际转运中心发舱单(电子数据)。

(2)口岸中心接收舱单(EDI信息),翻译成中文信息,按照中国海关要求,将快件分成A、B、C、D四类。A、B类快件直接打印出报关单;C、D类货物进海关监管仓滞留(C类货物联系客户,按客户要求清关;D类货物联系客户,提供相关单据,向海关正式申报)。

(3)海关抽样查验(在报关单上勾出)。快件到达口岸中心,扫描快件时扫描设备提示,处理人员将海关要求查验的快件取出,单独放置并送海关查验。

(4)C、D类货物如需动植物检疫或商检,应先进行动植物检疫或商检,然后再报关。

(5)海关查验放行的快件,可以进行分拣。注意分拣时快件和相关发票应匹配。

(6)如有关税、贴签费、海关监管库仓储费,还需将相关金额录入快递信息管理系统,作为派送员收款依据。

2)对于出境快件的处理

(1)处理中心将收件信息制成舱单。

(2)口岸中心接收舱单(EDI信息),翻译成中文信息,按照海关要求,制作报关单,向海关申报。

(3)快件分成三类:A类(文件类)按KJ1申报;B类(低价值包裹)按KJ2申报;D类(货物类)逐票正式申报。

(4)海关抽样查验(在报关单上勾出)。快件到达口岸中心,扫描快件时扫描设备提示,处理人员将海关要求查验的快件取出,单独放置并送海关查验。

(5)海关查验放行。

(6)快件上X光机进行安检。

(7)处理人员逐票扫描,装航空集装器,上飞机运往国际转运中心。

2.代理报关及报检

1)代理报关

快递服务是"门到门、桌到桌"的服务,到户揽收和投递到户是其基本的业务特点,时限是快递业务的生命,海关的监管查验是否迅速有效对国际快件的时限有重大影响。因此,能否提供代理报关服务已成为快递服务层次高低的标志之一。传统的国际邮寄实行的收、寄件人自行报关的办法已不能适应快递业务的需要,为提高竞争能力,保证国际快件业务的健康发展，国际快件采用代理报关办法，为用户提供了极大的方便。为此，快递企业相关部门应根据海关有关规定向当地海关申请代理报关资格，办理代理报关业务。

【案例2-10】

三个同规格包裹　代缴关税竟差千余元

市民金小姐和陆小姐最近遭遇了烦心事：三个相同规格的越洋包裹，快递代缴关税却出现了不收税、收"小税"和收"大税"的三种情况。

此前金小姐与陆小姐（化名）结伴同游，在德国法兰克福的同一家百货公司里给自己和亲友买了蒸锅、炒锅等厨房用品，分三箱装运邮寄回国。这三箱货品包装规格一样，每箱均收了100欧元运费，接运方同是联邦快递公司，邮寄目的地广州。但当这三箱货物邮寄到广州时，第一箱货物被征收1431.58元关税，第二箱货物则被征收328元的关税，第三箱货物免关税放行。原来，由于沟通不及时，三个包裹分别按"公司样品""个人物品""行李"等三种物品进行了申报，导致了不同的关税数额。

快递企业办理代理报关服务可收取代理报关服务费。快递企业应根据业务成本和市场竞争的需要确定代理报关服务费的标准，并征得当地物价部门的同意。

快递企业报关部门与海关协作查验的要求：

（1）快递企业相关部门根据海关监管工作的需要和企业的现实条件向海关部门提供办公用房和查验场所。

（2）国际快件的海关监管查验时间，应根据国际快件的时限要求和作业时间予以确定。

（3）海关涉及国际快件查验事宜的通知（如扣留通知、补办手续通知等），由快递企业登记后，利用函件、电传发出并定期催复。

2）代理报检

代理报检是快递企业的服务内容之一，特别是从2001年起，对进出境物品的报关和检验实行了"先报检后报关"，强调了报检工作的重要性。2001年9月17日，国家质量监督检验检疫总局（现归国家市场监督管理总局，国家质量监督检验检疫总局的出入境检验检疫管理职责和队伍划入海关总署）公布了《出入境快件检验检疫管理办法》（以下简称《管理办法》），2001年11月15日施行。2018年11月，海关总署根据《海关总署关于修改部分规章的决定》对《管理办法》进行了修订。

海关总署统一管理全国出入境快件的检验检疫工作。根据《中华人民共和国进出口商品检验法》《中华人民共和国进出境动植物检疫法》《中华人民共和国国境卫生检疫法》《中华人民共和国食品安全法》等有关法律法规的规定,应当实施动植物检疫和卫生检疫的进出境商品必须实施检验检疫。

快件企业应按有关规定向海关办理报检手续,快件企业在申请办理出入境快件报检时,应提供报检单、总运单、每一快件的分运单、发票等有关单证。

(1)提供的有关文件。

①输入动物、动物产品、植物种子、种苗及其他繁殖材料,应提供相应的检疫审批许可证和检疫证明;

②因科研等特殊需要,输入禁止进境物品,应提供海关总署签署的特许审批证明;

③属于微生物、人体组织、生物制品、血液及其制品等特殊物品,应提供有关部门的审批文件;

④实施进口安全质量许可制度、出口质量许可证制度和卫生注册登记制度管理的物品,应提供有关证明;

⑤其他法律法规或者有关国际条约、双边协议有规定的,应提供相应的审批证明文件。

入境快件到达海关监管区时,快递企业应及时向所在地海关办理报检手续。出境快件在其运输工具离境 4 小时前,快递企业应向离境口岸海关办理报检手续。快递企业可以通过电子数据交换(EDI)的方式申请办理报检,海关对符合条件的应予受理。

(2)检验检疫。

海关对出入境快件应以现场检验检疫为主,特殊情况的,可以取样做实验室检验检疫。快递企业应当配合检验检疫工作,向海关提供有关资料和必要的工作条件、工作用具等,必要时派出人员协助工作。

海关对出入境快件实行分类管理:

A 类:国家法律法规规定应当办理检疫许可证的快件;

B 类:实施进口安全质量许可制度、出口质量许可制度以及卫生注册登记制度管理的快件;

C 类:样品、礼品、非销售展品和私人自用物品;

D 类:以上三类以外的货物和物品。

①入境快件的检验检疫:

对 A 类快件,按照国家法律法规和相关检疫要求实施检疫。

对 B 类快件,实施重点检验,审核进口安全质量许可证或者卫生注册证,查看有无进口安全质量许可认证标志或者卫生注册标志。无进口安全质量许可证、卫生注册证或者无进口安全质量许可标志或者卫生注册标志的,作暂扣或退货处理,必要时进行安全、卫生检测。

对 C 类快件,免予检验,应实施检疫的,按有关规定实施检疫。

对 D 类快件,按 1% ~3% 的比例抽查检验。

入境快件经检疫发现被检疫传染病病原体污染的或者带有动植物检疫危险性病虫害的以及根据法律法规规定应作检疫处理的,海关应当按规定实施卫生、除害处理。

入境快件经检验不符合法律、行政法规规定的强制性标准或者其他必须执行的检验标准的,必须在海关的监督下进行技术处理。

入境快件经检验检疫合格的,签发有关单证,予以放行;不合格的,依据法律法规的规定须作撤回或者销毁处理。

入境快件有下列情形之一的,由海关作退回或者销毁处理,并出具有关证明:未取得检疫审批手续并且未能按规定要求补办检疫审批手续的;按法律法规或者有关国际条约、双边协议的规定,须取得输出国官方出具的检疫证明文件或者有关声明,而未能取得的;经检疫不合格又无有效方法处理的;入境快件应进行技术处理而不能进行技术处理或者经技术处理后,重新检验仍不合格的;其他依据法律法规的规定须作退回或者销毁处理的。

【案例 2-11】

邮寄走私进境活体黑腹果蝇行政处罚案

2021 年 5 月 21 日,海关在对一寄自美国、申报为"衣服"的邮件过机检查时,发现图像可疑,经开箱查验,发现该邮件内两件旧衣服包裹着 66 管活体黑腹果蝇,每个管内有 100 多只黑腹果蝇虫体,数量超过 7000 只。经调查,当事人明知活体黑腹果蝇是国家禁止进境物品,仍授意他人用衣服包裹黑腹果蝇邮寄进境,并将邮件运单品名填写为衣服,以藏匿、伪报等方式逃避海关监管,构成《中华人民共和国海关法》第八十二条第一款第一项、《中华人民共和国海关行政处罚实施条例》第七条第二项所列之走私行为。当事人未事先提出申请,未办理进境动植物特许检疫审批手续,同时构成《中华人民共和国进出境动植物检疫法》第五条第三款、第十条所列之未依法办理检疫审批手续的违法行为。根据《中华人民共和国行政处罚法》第二十九条、《中华人民共和国海关法》第八十二条第二款和《中华人民共和国海关行政处罚实施条例》第九条第一款第一项之规定,海关依法对当事人作出罚款的行政处罚。

②出境快件的检验检疫：

对 A 类快件,依据输入国家或者地区和中国有关检验规定实施检疫。

对 B 类快件,实施重点检验,审核出口质量许可证或者卫生注册证,查看有无相关检验检疫标志、封识。无出口质量许可证、卫生注册证或者相关检验检疫标志、封识的,不得出境。

对 C 类快件,免予检验,物主有检疫要求的,实施检疫。

对 D 类快件,按 1% ~3% 的比例抽查检验。

出境快件经检验检疫合格的,签发有关单证,予以放行。经检验检疫不合格的,不准出境。海关对出入境快件需作进一步检验检疫处理的,可予以封存,并与快递企业办理交接手续,封存期一般不得超过 45 日。对出入境快件作出退回或者销毁处理的,海关应当办理有关手续并通知快递企业。

快递企业应当配合检验检疫工作,向海关提供有关资料和必要的工作条件、工作用具等,必要时应当派出人员协助工作。《中华人民共和国刑法》规定：违反进出口商品检验法的规定,逃避商品检验,将必须经商检机构检验的进口商品未报经检验而擅自销售、使用,或者将必须经商检机构检验的出口商品未报经检验合格而擅自出口,情节严重的,处三年以下有期徒刑或者拘役,并处或者单处罚金。

3. 清关中的异常情况及处理

1) 申报异常情况

(1) 日期或批次错误。

日期或批次错误,将会造成有货无单。

(2) 未按照相关规定录入报关资料。

申报品名不规范(应尽可能体现材料质地);申报时将数量单位和件数混淆,如把件数错录成数量单位、在数量单位栏录入数量而未录入单位或者录入错误的符号。

2) 报检异常情况

(1) 已报检的出入境货物,海关尚未实施试验检疫或虽已实施但未出具证单的,由于某种原因报检人员需要更改报检信息的,可以向受理报检的机构申请,经审核批准后按规定进行更改。

(2) 检验检疫证单发出后,报检人需要更改、补充内容或重新签发的,应向原签证海关申请,批准后按规定进行更改。

(3) 品名、数量、重量、包装、发货人、收货人等重要项目更改后与合同、信用证不符的,或者更改后与输入国法律法规不符的,均不能更改。超过有效期的检验检疫证单,不予更改、补充或重发。

(4)办理更改应提供以下单据:填写《更改申请单》,说明更改的事项和理由;提供有关函电等证明文件,交还原发检验检疫证单;变更合同或信用证的,需提供新的合同或信用证。

3)查验异常情况

(1)与单证要求不符。

报关单证不全,快件的品名不详等。

(2)与海关或相关规定不符。

禁限寄物品或包装不符合要求等。

(3)申报不实或违规。

申报的品名及价值与快件货物不符。

4)异常情况的处理

海关查验快件异常,导致暂扣快件。针对暂扣原因(有单无货、有货无单、申报资料不符、未按关务要求操作、禁限寄物品等),快递企业应根据海关的通知及时进行回复与处理。海关对暂扣快件的时限一般是要求在十天内处理完毕。对列入海关公布禁止出口和禁止进口货物目录(详见附录四、五)的货物,一经发现应予以退回。

4.部分国家(地区)清关注意事项

1)美国清关注意事项

(1)需提供原始正本商业发票。

(2)礼品和样品均须详细说明内件名称。

(3)发票应注明物品产地来源说明、重量及尺寸、美元价值、付款条款(INCO)等内容。

(4)纺织品需要纤维成分说明,服装需说明类型及数量。

(5)物品描述必须详尽,描述信息须包括用途和原产地,对含糊的英文描述如"Sample(包括 diagnostic samples)""parts(包括 spare parts)""gift""clothing""tools"等一律不接受。

2)日本清关注意事项

(1)动物制品:需要提供产地证、出口许可证、进口许可证,并详述品名、学名、价值、数量、收件人地址、电话。

(2)医药、医疗器械设备、眼镜片、隐形眼镜:须提供进口许可证。

(3)食品:易腐品、肉食品,谷(大米、小麦等),奶酪均不可进口;罐装食品可以进口,其他包装食品每票重量在 10 千克以下则可以进口,并且要求详细收件人地址、电话。

(4)皮革制品:须说明是何种皮革(猪、牛、羊等)及用途,发票上须注明皮革产地。

(5)纺织品:须在发票上说明质地、成分、织法、产地;真丝、布样、羊绒布块需进口许可证;服装还要注明款式。

(6)化学品:必须详细注明品名、化学报告、详细收件人地址电话,部分化学品还须有进口许可证。

(7)礼品:要注明礼品品名、数量、价值、用途,礼品件数不能超过 24 件。

3)俄罗斯清关注意事项

(1)形式发票只适用于样品;

(2)原始发票用英文书写,以美元(US $)计价;

(3)发票应打印出而非手写;

(4)发票应注明每类物品数量、价值、重量以及统一的关税号码;注明运费及保险费,注明付款条款(INCO),交易目的,注明交货条件;

(5)CD、DVD、立体卡片等物品不能按文件类付运,必须提供商业发票。

4)澳大利亚清关注意事项

(1)寄递物品需详细说明,不接受品名是"礼品"或"样本"的快件;

(2)木质包装必须加盖国际植物保护公约(IPPC)标识,商业发票上注明木质包装物已经过熏蒸。

(三)部分国家(地区)海关禁寄规定

国际快件的传递需要经过我国海关和寄达国(地区)海关的查验,符合要求的快件予以通关。武器、炸药、枪支、麻醉药物、危险化学品、易燃、易爆、磁性物品、易腐蚀物品等均为各国(地区)禁寄物品,种子、活动物、活植物等,一般国家都禁止入境,除此以外,各国(地区)还有其他特殊的规定,以及敏感时期的临时规定。

1. 美国海关禁寄规定

(1)药品。

麻醉制品、镇静剂、安眠药、兴奋剂、抗抑郁剂、抗癫痫药、中药、中成药以及其他易导致药物滥用的药品,被禁止入境。

(2)货币和难以估价的有价证券。

提货单、核销单、护照、配额证、许可证、执照、私人证件、汇票、发票、本国或外国现金。

（3）部分印刷品、录音录像制品。

对美国政治、经济、文化、道德有害的印刷品、胶卷、照片、唱片、影片、录音带、录像带、激光视盘、计算机存储介质及其他物品。

（4）部分动物、植物。

带有危险性病菌、害虫及其他有害生物的动物、植物、土壤,活体动植物及其制品、植物种子,鸡肉、牛肉等肉类制品。

（5）妨害公共卫生的物品。

如尸骨、动物器官、肢体、未经硝制的兽皮、未经药制的兽骨等。

（6）传播疾病的物品。

有碍人畜健康的、来自疫区的以及其他能传播疾病的食品、药品或其他物品。

（7）国家法律、法规、行政规章明令禁止流通、寄递或进出境的物品。

如国家秘密文件和资料、国家货币及伪造的货币和有价证券、仿真武器、管制刀具、机动车零配件、珍贵文物、濒危野生动物及其制品等。

（8）其他物品。

如种子、原木制品、液奶、宠物口粮、汽车及机动车零配件、不锈钢、烟草、象牙制品等。

【案例 2-12】

违法寄递活动物被没收

2021 年 5 月,美国洛杉矶联邦官员宣布查获了通过航空快递进口的违禁产品。美国海关和边境保护局在检查一批从马来西亚运抵的申报为"耳机"的空运包裹时,发现了 26 个小瓶,里面藏着活蜈蚣,并且快件缺乏所需的官方许可或证书。官员称,非法进口动植物产品可能带来外国病虫害,威胁到美国重要的农业产业。美国海关和边境保护局将活蜈蚣没收并送交美国鱼类和野生动物管理局进行调查和最终决定。

2.日本海关禁寄规定

（1）宝石及贵金属。

珍珠、宝石、金银、古玩等。

（2）日用品及化妆品类。

化妆品、面膜、牙膏、纹身器材、消毒液、清洁剂等。

（3）食品及保健品。

巧克力、肉制品与跟动物相关的产品、咖啡、紫菜、普洱茶、红茶等。

（4）医药及医疗器械。

如按摩机、眼镜、鸦片等。

（5）矿产化工品。

如石棉、土壤、岩石等。

（6）其他物品。

如电子烟、猥亵杂志、猥亵DVD、儿童色情刊物、假冒伪劣产品、牙科保健、机油、水果、蔬菜、遗体等。

【案例2-13】

从中国进口畜产品被捕

2022年3月，日本大阪府警察署逮捕了3名在日中国人。原因是2021年5—6月，他们利用EMS先后共计6次从中国进口了猪肉香肠等各种加工热食品，食品重量达到了400公斤。而猪肉香肠是被禁止入境日本的，涉嫌违反了《家畜传染病预防法》。

3. 俄罗斯海关禁寄规定

（1）濒临灭绝的动物。

濒临灭绝的动物、鸟类、爬虫类、鱼类、昆虫以及这些物品的皮、毛、羽毛、骨制品等。

（2）植物及植物产品。

被感染的植物、植物产品以及土壤入境，包括活的带根植物及其带土的根部；植物病害的活病原体、对植物有害的真菌、微生物、病毒、昆虫。

（3）食品类。

牛奶和奶制品、爆米花和生干果，包括生花生米和栗子、蛋和蛋制品、新鲜水果及蔬菜、肉类和所有猪肉制品、鹿角、天鹅绒、燕窝。

（4）无线电发射或接收装置。

禁止寄递无线电话、无线电台、无线电导航系统、无线电测定器、有线电视系统和其他设备。

（5）不良印刷品及影像物品。

严禁寄递对俄罗斯政治、经济利益、国家安全、社会秩序、身体健康、道德有害的印刷品、胶卷、照片、影片、录像带、光盘、手稿、唱片和其他录音、图画和造型物品。

（6）特殊药品类。

禁止寄递各类麻醉品、精神药物入境俄罗斯，禁止进入俄罗斯的我国国产药包括消咳宁片、麻黄碱片、碙碱素、克咳胶囊、风湿马前片、止涎立效丸、复方罗布麻片、氯硝西泮片等。

(7)中药材。

俄罗斯海关严格禁止寄递的中药药材:燕窝、地龙、虎骨、冬虫夏草、常归、吴子、保济丸、保婴丹、大活络丸和鲍片等。

4.澳大利亚海关禁寄规定

(1)动植物及其产品。

所有动物种类的,包括新鲜肉、干肉、冷冻肉、熟肉、烟熏肉、咸肉、腌制肉或者包装肉。

活的动植物类,动物类像雀、鸟、鱼、爬行动物及昆虫是不允许入境的;植物类,如盆种/裸根的植物,竹、盆景、根、茎和其他能成活的植物材料和泥土。

(2)部分药品。

中药材包括鹿角、鹿茸、鹿茸精、鹿鞭、阿胶、燕窝;冬虫夏草、灵芝;蛤蟆油脂、干蚯蚓、任何种类干制的动物躯体、紫河车、蜥蜴干、鸭肠、鸭胃、蹄筋、甲鱼和牛尾等中药材。

部分西药和中成药,含有吗啡、罂粟碱、那可汀、古柯碱(俗称可卡因)、麻黄碱或伪麻黄碱等的西药或中成药禁止携带入境。

(3)假冒伪劣产品。

禁止携带假冒伪劣产品进入澳大利亚,包括高仿的鞋子、衣服、帽子、首饰等,以及盗版的书籍、碟子、电子产品等。

(4)其他。

包括陶瓷类物品、骨灰、烟草、儿童色情制品、恐怖主义的物品、文化遗产物品、钻石等。

【案例 2-14】

违法走私烟草最高获 10 年监禁

澳大利亚自 2019 年 7 月起所有烟草制品,包括香烟、糖蜜香烟、散叶烟草被澳洲海关视为"禁止进口",无论是从外国供应商订货,还是通过网购、私人发货等形式进入澳洲的任何烟草产品,都须要事先获得澳洲内政部颁发的许可证。

如果入境包裹中发现没有获得许可证的烟草将会被扣押,并调查境内的收件人,走私烟草进口澳洲的最高刑罚为 10 年监禁。

五、滞留快件的处理

在快件处理中心，由于种种原因导致快件滞留，如果不能及时采取适当措施，将对快件的安全及时限造成严重影响。

1. 产生滞留快件的原因

(1)快件包装出现破损或因某种原因被其他快件污染，有可能影响到了快件内件的安全，正在对快件进行积极处理。

(2)快递运单脱落或运单被污染和信息不全，无法进行分拣。

(3)快件未能赶上当班次网络车，如：班车晚点、爆仓，导致分拣不能按时完成，为了不影响其他快件的正常运输时效，只能留到下班次发件。

(4)场地处理人员工作失误，导致快件在分拣、建包或装车发运时漏发。

(5)转运快件属航空违禁品，不能上飞机，只能转陆运，导致快件滞留。

2. 滞留快件的处理措施

(1)快件外包装破损且内件无损坏和短少的，加固包装继续流转。

(2)外包装被污染且内件无损坏的，更换包装继续流转。

(3)快件外包装无损坏，运单信息不全或者运单被污染的，依据系统内建包信息重新打印运单，粘贴后继续流转。

(4)无法查询到运单信息的，分拣主管缮写快件差异报告，将问题通知上一环节，快件滞留保管，待上一环节回复核查意见后，再行处理。

(5)由于场地处理人员原因，导致快件在分拣、建包或装车发运时漏发的快件以及未能赶上当班次运输车辆的快件，在进行二次分拣时应作为优先件处理，确保赶上最近一次的运输车辆。

3. 滞留快件的保管

(1)所有已上报的滞留快件必须存放在专用房间，如因条件限制未能配置专用房间，须存放在指定的笼车内。专用房间或笼车必须加锁，钥匙由分拣主管负责。

(2)存放在专用房间内的快件每周必须盘点一次，将盘点结果进行汇总并以邮件等形式发送给客服部核对。

4. 滞留快件的核销

(1)客服部将滞留快件处理意见反馈至分拣主管。

(2)分拣主管联合中心财务、行政、客服等部门,对滞留快件进行相应处理。

(3)对已处理的滞留快件信息进行核销。

六、化工产品泄漏应急处理方法

【案例2-15】

危化液体泄漏致快件处理员受伤

2019年11月,上海市唐某决定将部分原材料从嘉善运回上海的公司。为节约运输成本,仅用工业塑料桶简单包装224公斤危险化学品后,联系快递企业上门取件。期间唐某故意隐瞒邮寄物品真实信息,谎报危险化学品为普通药品。快递员上门取件时,未按规定开箱验视核查,也未要求托运人提供托运清单和寄递物品相关证明,以普通快递方式收寄。

该快件收至快递公司营业网点后,在未经任何安检的情况下,跨省运输至上海市闵行区浦江镇中转场,后由该公司临时聘用的两名外包劳务人员进入车厢分拣分流货物。两名处理员在闻到刺激性气味,并发现部分包装桶底部有液体泄漏的情况下,仍违规作业两小时,并将破损包装桶交问题件处理部处理。该部门擅自对该件进行简单加固包装后继续转运至颛桥中转站(目的地),再被派送至收件人唐某所在公司。当晚两名处理员因吸入有毒气体送医院抢救,一人重伤,一人轻微伤。

对于化工产品,快递企业一般不能收寄,除非企业获得了化工产品运输经营许可;对于危险化工产品(包括爆炸品、压缩气体、有机过氧化物、腐蚀品和有毒品)一律不得收寄;对不能确定是否具有危险性的化工产品,在经检验机构检验之前暂不予收寄;对于液体类化工产品,一律不得收寄。如在分拣场地发生化工产品泄漏等突发事件,须立即采取简单、有效的安全技术措施来消除或减少泄漏危险。对于被化工产品腐蚀、污染、损坏的快件,必须就地隔离封存处理,并及时报告主管,严禁继续分拣,转入下一环节。

1. 疏散与隔离

在化工产品的处理过程中一旦发生泄漏,首先要疏散无关人员,隔离泄漏污染区。如果是易燃易爆化学品大量泄漏,这时一定要打"119"报警,请求消防专业人员救援,同时要保护、控制好现场。

2. 切断火源

如果泄漏物品是易燃、易爆化学品,必须立即消除泄漏污染区域内的各种火源,消防器具准备到位,确保安全。

3. 做好个人防护

参加泄漏处理人员应对泄漏化工产品的化学性质和反应特征有充分了解,要于高处和上风处进行处理,严禁单独行动,要有监护人,要根据泄漏品的性质,选择适当的防护用品,防止事故处理过程中发生伤亡、中毒事故。

4. 泄漏物的处置

气体泄漏物,应急处理人员要做的只是止住泄漏,如果条件允许,用合理的通风设备使其扩散不至于积聚,或者喷洒雾状水使之液化后处理;对于少量的液体泄漏,可用沙土或其他不燃吸附剂吸附,收集于容器内进行处理。

第二节　分拣操作

快件分拣是指快件处理人员按照快递运单送达地址,将相关的快件分别汇集到规定区域的处理过程。快件分拣是快件处理过程中的重要环节,分拣的准确性与效率决定了快件能否按预计的时限、合理的路线及有效的运输方式进行中转。

一、国内快件分拣

目前,国内快件分拣大多以快递运单上收件人所在地、所在地邮政编码、所在地电话区号或所在地航空代码等为依据进行分拣。在中国,全国性企业一般设置三个层次的快件处理中心,区域性企业设置两个层次,同城企业设置一个层次。以全国性企业为例,第一层次是大区或省际中心,除完成本地区快件的处理任务外,主要承担各大区或省际的快件集散任务,是大型处理和发运中心,一般建于地处全国交通枢纽的城市,如北京、上海、广州等大城市。第二层次是区域或省内中心,除完成本地快件的处理任务外,还要承担大区(省)内快件的集散任务,一般建于省会城市。第三层次是同城或市内中心,主要承担本市快件的集散任务。

一般情况下,各快递企业处理中心的设置和布局与行政区划密切相关,熟练掌握全国各地的行政区划及各地快件的中转关系,有利于快件处理员在对快件进行分拣时做到准确、快速,避免出现差错。

(一)我国的行政区划及快件中转关系

1.我国的行政区划

目前我国有 34 个省级行政区,其中包括 23 个省、5 个自治区、4 个直辖市和 2 个特别行政区。

2.快件的中转关系

由于各快递企业的网络不同,各快递公司的中转关系也不尽相同,下面以浙江省、江苏省和山东省主要城市间公路运输为例予以说明。

(1)浙江省快件中转关系。

根据浙江省公路运输现状,应在杭州设立 1 级中转中心,宁波、金华设 2 级中转中心,各主要城市设立营业网点(图 2-20)。杭州中转中心负责经转湖州、嘉兴、绍兴、桐乡、海宁等地的快件;宁波中转中心负责经转舟山、象山、台州、奉化、慈溪等地的快件;金华中转中心负责经转温州、丽水、衢州、义乌、永康等地的快件。

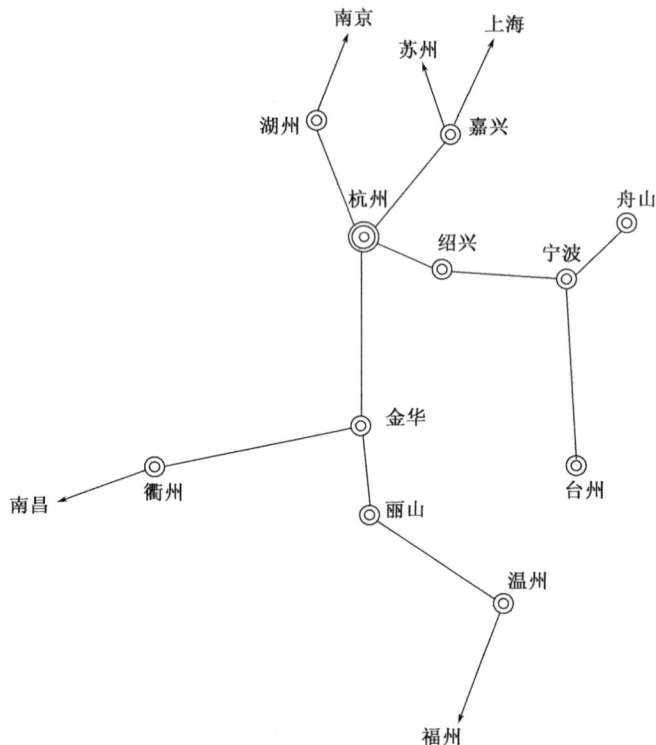

图 2-20 浙江省主要公路运输网示意图

（2）江苏省快件运输线路示意图。

根据江苏省公路运输现状，应在南京设立1级中转中心，苏州、淮安设2级中转中心，各主要城市设立营业网点（图2-21）。南京中转中心负责经转扬州、泰州、常州、镇江等地的快件；苏州中转中心负责经转无锡、南通、昆山、常熟等地的快件；淮安中转中心负责经转徐州、宿迁、连云港、盐城等地的快件。

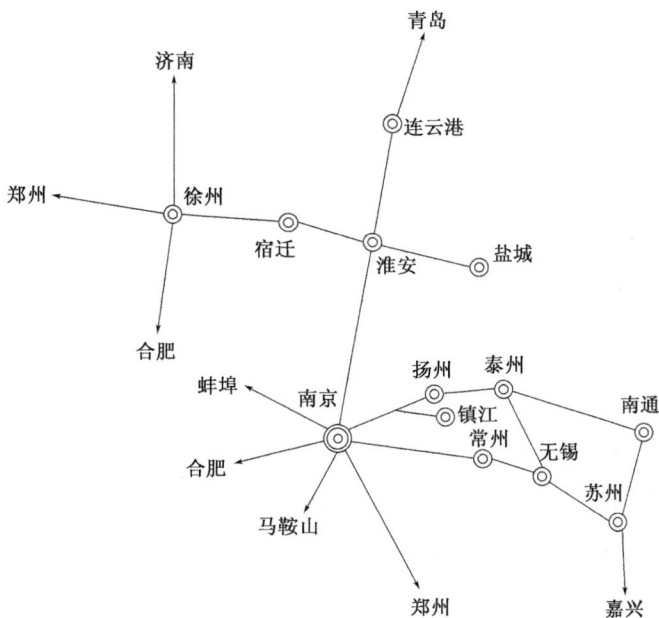

图2-21 江苏省主要公路运输网示意图

（3）山东省快件运输线路示意图。

根据山东省公路运输现状，应在济南、潍坊设立1级中转中心，烟台设2级中转中心，各主要城市设立营业网点（图2-22）。济南中转中心负责中转经德州、滨州、聊城、菏泽、济宁、泰安等地的快件；潍坊中转中心负责经转东营、淄博、青岛、日照等地的快件；烟台中转中心负责经转龙口、蓬莱、威海、乳山等地的快件。

（二）国内主要城市邮政编码

我国的邮政编码采用四级六位制的编排方式，其中前两位的组合表示省（自治区、直辖市）；前三位的组合表示邮区；前四位的组合表示县（市）；最后两位数则表示投递局。我国邮政编码前两位代码分配表详见附录二。

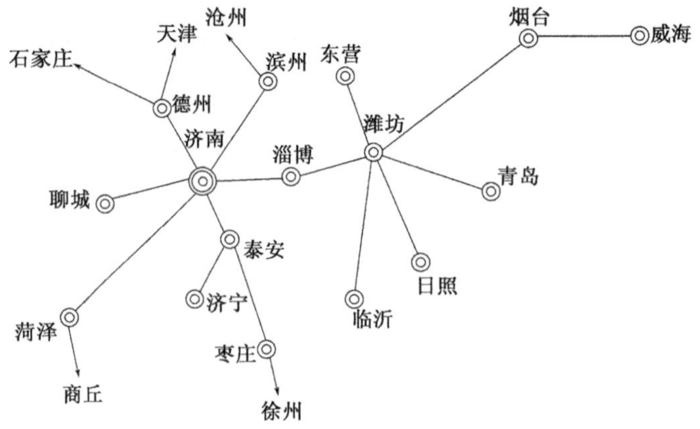

图 2-22　山东省主要公路运输网示意图

我国主要城市（县）邮政编码如下：

（1）北京市：100000

（2）天津市：300000

（3）河北省：

石家庄市	050000	衡水市	053000	邢台市	054000
邯郸市	056000	沧州市	061000	唐山市	063000
廊坊市	065000	秦皇岛市	066000	承德市	067000
保定市	071000	张家口市	075000		

（4）山西省：

太原市	030000	晋中市	030600	朔州市	036000	大同市	037000
临汾市	041000	运城市	044000	晋城市	048000		

（5）内蒙古自治区：

呼和浩特市	010000	乌兰察布市	012000	包头市	014000
鄂尔多斯市	017000	呼伦贝尔市	021000	赤峰市	024000
锡林郭勒盟	026000	通辽市	028000		

（6）辽宁省：

沈阳市	110000	辽阳市	111000	铁岭市	112000	锦州市	121000
抚顺市	113000	鞍山市	114000	营口市	115000	朝阳市	122000
大连市	116000	本溪市	117000	丹东市	118000	阜新市	123000
盘锦市	124000	葫芦岛市	125000				

（7）吉林省：

长春市　130000　　　吉林市　132000　　　延边朝鲜族自治州　133000

通化市　134000　　　四平市　136000　　　白城市　137000　　　松原市　138000

（8）黑龙江省：

哈尔滨市　150000　　　绥化市　152000　　　伊春市　153000

大庆市　163000　　　佳木斯市　154000　　　牡丹江市　157000

齐齐哈尔市　161000　　　大兴安岭地区　165000

（9）上海市：200000

（10）江苏省：

南京市　210000　　　镇江市　212000　　　常州市　213000　　　无锡市　214000

苏州市　215000　　　徐州市　221000　　　连云港市　222000　　　南通市　226000

淮安市　223000　　　盐城市　224000　　　扬州市　225000

（11）浙江省：

杭州市　310000　　　绍兴市　312000　　　湖州市　313000　　　嘉兴市　314000

宁波市　315000　　　舟山市　316000　　　临海市　317000　　　台州市　318000

金华市　321000　　　义乌市　322000　　　丽水市　323000　　　衢州市　324000

温州市　325000

（12）安徽省：

合肥市　230000　　　淮南市　232000　　　蚌埠市　233000　　　宿州市　234000

淮北市　235000　　　亳州市　236000　　　阜阳市　236000　　　六安市　237000

滁州市　239000　　　芜湖市　241000　　　宣城市　242000　　　马鞍山市　243000

铜陵市　244000　　　黄山市　245000　　　安庆市　246000

（13）福建省：

福州市　350000　　　漳州市　363000　　　龙岩市　364000　　　宁德市　352000

南平市　353000　　　厦门市　361000　　　泉州市　362000　　　三明市　365000

（14）江西省：

南昌市　330000　　　九江市　332000　　　景德镇市　333000　　　上饶市　334000

鹰潭市　335000　　　宜春市　336000　　　萍乡市　3370000　　　新余市　338000

赣州市　341000　　　吉安市　343000　　　抚州市　344000

（15）山东省：

济南市　250000　　　聊城市　252000　　　德州市　253000　　　潍坊市　261000

淄博市	255000	烟台市	264000	威海市	264200	东营市	257000
青岛市	266000	泰安市	271000	临沂市	276000	日照市	276800
济宁市	272000	菏泽市	274000	枣庄市	277000		

(16)河南省：

郑州市	450000	新乡市	453000	安阳市	455000	濮阳市	457000
鹤壁市	458000	许昌市	461000	漯河市	462000	驻马店市	463000
信阳市	464000	周口市	466000	平顶山市	467000	洛阳市	471000
三门峡市	472000	南阳市	473000	开封市	475000	商丘市	476000

(17)湖北省：

武汉市	430000	孝感市	432000	荆州市	434000	黄石市	435000
鄂州市	436000	咸宁市	437000	黄冈市	438000	襄阳市	441000
十堰市	442000	宜昌市	443000	恩施土家族苗族自治州	445000		
荆门市	448000						

(18)湖南省：

长沙市	410000	株洲市	412000	张家界市	427000	永州市	425000
益阳市	413000	岳阳市	414000	常德市	415000	郴州市	423000
湘西土家族苗族自治州	416000			娄底市	417000	怀化市	418000
衡阳市	421000	邵阳市	422000				

(19)广东省：

广州市	510000	韶关市	512000	肇庆市	526000	佛山市	528000
梅州市	514000	汕头市	515000	惠州市	516000	江门市	529000
河源市	517000	深圳市	518000	珠海市	519000	潮州市	521000
揭阳市	522000	东莞市	523000	湛江市	524000	茂名市	525000

(20)广西壮族自治区：

南宁市	530000	百色市	533000	钦州市	535000	河池市	547000
北海市	536000	贵港市	537000	玉林市	537000	防城港市	538000
桂林市	541000	梧州市	543000	柳州市	545000		

(21)海南省：

| 海口市 | 570100 | 三亚市 | 572000 |

(22)重庆市： 400000

（23）四川省：

成都市	610000	乐山市	614000	凉山彝族自治州	615000
泸州市	646000	攀枝花市	617000	德阳市	618000
眉山市	620000	绵阳市	621000	阿坝藏族羌族自治州	624000
雅安市	625000	甘孜藏族自治州	626000	广元市	628000
内江市	641000	自贡市	643000		

（24）贵州省：

贵阳市	550000	六盘水市	553000	遵义市	563000	安顺市	561000
黔东南苗族侗族自治州	556000			黔南布依族苗族自治州	558000

（25）云南省：

昆明市	650000	曲靖市	655000	昭通市	657000	保山市	678000
文山壮族苗族自治州	663000	楚雄彝族自治州	675000	临沧市	677000
普洱市	665000	大理白族自治州	671000		

（26）西藏自治区：

拉萨市	850000	那曲市	852000	昌都市	854000
山南市	856000	日喀则市	857000	阿里地区	859000
林芝市	860000				

（27）陕西省：

西安市	710000	咸阳市	712000	渭南市	714000	延安市	716000
榆林市	719000	宝鸡市	721000	汉中市	723000	安康市	725000
商洛市	726000	铜川市	727000		

（28）甘肃省：

兰州市	730000	白银市	730900	酒泉市	735000	定西市	743000
武威市	733000	张掖市	734000	天水市	741000	陇南市	742500
平凉市	744000	庆阳市	745000	甘南藏族自治州	747000

（29）青海省：

西宁市	810000	海南藏族自治州	813000	果洛藏族自治州	814000
玉树藏族自治州	815000	海西蒙古族藏族自治州	817000	

（30）宁夏回族自治区：

银川市	750000	吴忠市	751100	石嘴山市	753000	中卫市	755000
固原市	756000				

（31）新疆维吾尔自治区：

乌鲁木齐市　830000	克拉玛依市　834000	伊犁哈萨克自治州　835000	
哈密市　839000	阿克苏地区　843000	吐鲁番市　838000	
巴音郭楞蒙古自治州　841000	喀什地区　844000	和田地区　848000	

注：港澳台地区暂时未使用邮政编码。

（三）国内地级以上城市的电话区号

由于不同地方使用不同电话区号，这样就可以利用电话区号作为快件分拣、复核的一种重要依据，当然在快递运单上书写电话号码更重要的意义还在于方便业务员和客户直接进行电话沟通。我国电话区号编号布局表详见附录三。

需要说明的是，我们日常所说的电话区号010、0531等，最前面的0并非区号的一部分，那是中国大陆地区国内长途电话接入码字冠，0以后才是区号。在中国大陆由于0是唯一的国内长途接入码，所以经常和后面的区号并列，并已形成习惯。

我国主要城市的电话区号如下：

（1）北京市：010

（2）天津市：022

（3）河北省：

石家庄市　0311	保定市　0312	张家口市　0313	承德市　0314
唐山市　0315	廊坊市　0316	沧州市　0317	衡水市　0318
邢台市　0319	秦皇岛市　0335	邯郸市　0310	

（4）山西省：

太原市　0351	大同市　0352	阳泉市　0353	晋中市　0354
长治市　0355	晋城市　0356	临汾市　0357	吕梁市　0358
运城市　0359	朔州市　0349	忻州市　0350	

（5）内蒙古自治区：

呼和浩特市　0471	包头市　0472	乌海市　0473	乌兰察布市　0474
通辽市　0475	赤峰市　0476	鄂尔多斯市　0477	巴彦淖尔市　0478
锡林郭勒盟　0479	兴安盟　0482	阿拉善盟　0483	呼伦贝尔市　0470

（6）辽宁省：

沈阳市　024	抚顺市　024	铁岭市　024	大连市　0411
鞍山市　0412	本溪市　0414	丹东市　0415	锦州市　0416

营口市　0417　　　阜新市　　0418　　　辽阳市　　0419　　　朝阳市　　0421

盘锦市　0427　　　葫芦岛市　0429

（7）吉林省：

长春市　0431　　　吉林市　　0432　　　延边朝鲜族自治州　0433　　　四平市　0434

通化市　0435　　　白城市　　0436　　　辽源市　0437　　　松原市　0438

白山市　0439

（8）黑龙江省：

哈尔滨市　0451　　　齐齐哈尔市　0452　　　牡丹江市　0453　　　佳木斯市　0454

绥化市　0455　　　黑河市　0456　　　大兴安岭地区　0457　　　伊春市　0458

大庆市　0459　　　七台河市　0464　　　鸡西市　0467　　　鹤岗市　0468

双鸭山市　0469

（9）上海市：021

（10）江苏省：

南京市　025　　　无锡市　　0510　　　镇江市　0511　　　苏州市　0512

南通市　0513　　　扬州市　　0514　　　盐城市　0515　　　徐州市　0516

淮安市　0517　　　连云港市　0518　　　常州市　0519　　　泰州市　0523

宿迁市　0527

（11）浙江省：

杭州市　0571　　　湖州市　　0572　　　嘉兴市　0573　　　宁波市　0574

绍兴市　0575　　　台州市　　0576　　　温州市　0577　　　丽水市　0578

金华市　0579　　　舟山市　　0580　　　衢州市　0570

（12）安徽省：

合肥市　0551　　　蚌埠市　0552　　　芜湖市　0553　　　淮南市　0554

马鞍山市　0555　　　安庆市　0556　　　宿州市　0557　　　亳州市　0558

阜阳市　0558　　　黄山市　0559　　　淮北市　0561　　　铜陵市　0562

宣城市　0563　　　六安市　0564　　　池州市　0566　　　滁州市　0550

（13）福建省：

福州市　0591　　　厦门市　0592　　　宁德市　0593　　　莆田市　0594

泉州市　0595　　　漳州市　0596　　　龙岩市　0597　　　三明市　0598

南平市　0599

(14)江西省：

南昌市	0791	九江市	0792	上饶市	0793	抚州市	0794
宜春市	0795	吉安市	0796	赣州市	0797	景德镇市	0798
萍乡市	0799	新余市	0790	鹰潭市	0701		

(15)山东省：

济南市	0531	青岛市	0532	淄博市	0533	德州市	0534
烟台市	0535	潍坊市	0536	济宁市	0537	泰安市	0538
临沂市	0539	滨州市	0543	东营市	0546	威海市	0631
枣庄市	0632	日照市	0633	聊城市	0635	菏泽市	0530

(16)河南省：

郑州市	0371	安阳市	0372	新乡市	0373	许昌市	0374
平顶山市	0375	信阳市	0376	南阳市	0377	开封市	0378
洛阳市	0379	焦作市	0391	鹤壁市	0392	濮阳市	0393
周口市	0394	漯河市	0395	驻马店市	0396	三门峡市	0398
商丘市	0370						

(17)湖北省：

武汉市	027	襄阳市	0710	鄂州市	0711	孝感市	0712
黄冈市	0713	黄石市	0714	咸宁市	0715	荆州市	0716
宜昌市	0717	恩施土家族苗族自治州	0718	十堰市	0719		
随州市	0722	荆门市	0724					

(18)湖南省：

长沙市	0731	株洲市	0731	湘潭市	0731	衡阳市	0734
郴州市	0735	常德市	0736	益阳市	0737	娄底市	0738
邵阳市	0739	湘西土家族苗族自治州	0743	张家界市	0744		
怀化市	0745	永州市	0746	岳阳市	0730		

(19)广东省：

广州市	020	汕尾市	0660	阳江市	0662	揭阳市	0663
茂名市	0668	江门市	0750	韶关市	0751	惠州市	0752
梅州市	0753	汕头市	0754	深圳市	0755	珠海市	0756
佛山市	0757	肇庆市	0758	湛江市	0759	中山市	0760
河源市	0762	清远市	0763	云浮市	0766	潮州市	0768

东莞市　0769

(20) 广西壮族自治区：

南宁市	0771	崇左市	0771	柳州市	0772	来宾市	0772
桂林市	0773	梧州市	0774	贺州市	0774	玉林市	0775
贵港市	0775	百色市	0776	钦州市	0777	河池市	0778
北海市	0779	防城港市	0770				

(21) 海南省：

海口市　0898　　　三亚市　0898

(22) 重庆市：023

(23) 四川省：

成都市	028	眉山市	028	资阳市	028	攀枝花市	0812
自贡市	0813	绵阳市	0816	南充市	0817	达州市	0818
遂宁市	0825	广安市	0826	巴中市	0827	泸州市	0830
宜宾市	0831	内江市	0832	乐山市	0833	凉山彝族自治州	0834
雅安市	0835	甘孜藏族自治州	0836	阿坝藏族羌族自治州	0837		
德阳市	0838	广元市	0839				

(24) 贵州省：

贵阳市　　0851　　　遵义市　0852　　　安顺市　0853

黔南布依族苗族自治州　0854　　　黔东南苗族侗族自治州　0855

铜仁市　　0856　　　毕节市　0857　　　六盘水市　0858

黔西南布依族苗族自治州　0859

(25) 云南省：

昆明市　0871　　　大理白族自治州　0872　　　红河哈尼族彝族自治州　0873

曲靖市　0874　　　保山市　0875　文山壮族苗族自治州　0876　　　玉溪市　0877

楚雄彝族自治州　0878　　　　普洱市　0879　　　　　临沧市　0883

怒江傈僳族自治州　0886　　　迪庆藏族自治州　0887　　　丽江市　0888

西双版纳傣族自治州　0691　　　德宏傣族景颇族自治州　0692　昭通市　0870

(26) 西藏自治区：

拉萨市	0891	日喀则市	0892	山南市	0893	林芝市	0894
昌都市	0895	那曲市	0896	阿里地区	0897		

（27）陕西省：

西安市	029	咸阳市	029	延安市	0911	榆林市	0912
渭南市	0913	商洛市	0914	安康市	0915	汉中市	0916
宝鸡市	0917	铜川市	0919					

（28）甘肃省：

兰州市	0931	定西市	0932	平凉市	0933	庆阳市	0934
武威市	0935	金昌市	0935	张掖市	0936	嘉峪关市	0937
酒泉市	0937	天水市	0938	陇南市	0939	甘南藏族自治州	0941
白银市	0943	临夏回族自治州	0930					

（29）青海省：

西宁市	0971	海东市	0972	黄南藏族自治州	0973
海南藏族自治州	0974	果洛藏族自治州	0975	玉树藏族自治州	0976
海西蒙古族藏族自治州	0979	海北藏族自治州	0970			

（30）宁夏回族自治区：

银川市	0951	石嘴山市	0952	吴忠市	0953	固原市	0954
中卫市	0955						

（31）新疆维吾尔自治区：

乌鲁木齐市	0991	塔城地区	0901	哈密市	0902	和田地区	0903
阿勒泰地区	0906	克孜勒苏柯尔克孜自治州	0908					
博尔塔拉蒙古自治州	0909	克拉玛依市	0990	昌吉回族自治州	0994		
吐鲁番市	0995	巴音郭楞蒙古自治州	0996	阿克苏地区	0997		
喀什地区	0998	伊犁哈萨克自治州	0999					

注：香港、澳门、台湾地区暂时未使用国内电话区号，而是有各自的国际电话区号；香港特别行政区国际电话区号是00852；澳门特别行政区国际电话区号是00853；台湾地区国际电话区号是00886（其中00为国际长途电话接入码）。

（四）我国部分城市及机场的航空代码

国际航空运输协会（International Air Transport Association，IATA），简称国际航协，是一个国际性民间航空公司行业协会，总部设在加拿大的蒙特利尔。国际航协为了便利世界各地机场及航空公司之间的协调与合作，制定了全球部分城市及机场、航空公司的英文简写代码，即航空代码。如果某个城市只有一个机场，一般情况下城市的航空代码就是该城市航空机场的航空代码，一般是按照该城市英文名的三字母缩写来表示，又称城市及机场三字代码。

需要注意的是,有个别城市建有多个航空机场,分别有多个机场航空代码,但只有1个城市航空代码(城市航空代码一般是与吞吐量大的机场航空代码一致),如:北京市航空代码是PEK,首都国际机场的航空代码是PEK,南苑机场的航空代码是NAY;上海市的航空代码是PVG,浦东国际机场的航空代码是PVG,虹桥国际机场的航空代码是SHA。

对于机场的航空代码,我国部分城市机场的航空代码是该城市旧时邮政式拼音(威妥玛式拼音)的三字母缩写,如:南京禄口国际机场的航空代码是NKG,济南遥墙国际机场的航空代码是TNA;部分城市机场的航空代码是机场所在城市的前三个字母,如沈阳桃仙国际机场的航空代码是SHE,武汉天河国际机场的航空代码是WUH;部分城市机场的航空代码是在城市或机场名中选出三个字母,组合成机场航空三字代码,如:香港国际机场的航空代码是HKG,海口美兰国际机场的航空代码是HAK;还有部分城市机场的航空代码是在原来二字航空代码的基础上加上"X",组成新的航空三字代码,如:深圳保安国际机场的三字代码是SZX,长沙黄花国际机场的三字代码是CSX。

我国部分城市机场的航空代码如表2-2所示。

我国部分城市机场的航空代码 表2-2

城市名称	机场名称	机场航空代码	所属省级行政区
安庆市	天柱山机场	AQG	安徽
安阳市	红旗渠机场	AYN	河南
包头市	东河机场	BAV	内蒙古
北海市	福成机场	BHY	广西
广州市	白云国际机场	CAN	广东
郑州市	新郑国际机场	CGO	河南
长春市	龙嘉国际机场	CGQ	吉林
重庆市	江北国际机场	CKG	重庆
长沙市	黄花国际机场	CSX	湖南
成都市	双流国际机场	CTU	四川
大同市	云冈机场	DAT	山西
大连市	周水子国际机场	DLC	辽宁
福州市	长乐国际机场	FOC	福建
海口市	美兰国际机场	HAK	海南
呼和浩特市	白塔国际机场	HET	内蒙古
合肥市	新桥国际机场	HFE	安徽
杭州市	萧山国际机场	HGH	浙江

城市名称	机场名称	机场航空代码	所属省级行政区
衡阳市	南岳机场	HNY	湖南
哈尔滨市	太平国际机场	HRB	黑龙江
舟山市	普陀山机场	HSN	浙江
汉中市	城固机场	HZG	陕西
银川市	河东国际机场	INC	宁夏
九江市	庐山机场	JIU	江西
佳木斯市	东郊国际机场	JMU	黑龙江
锦州市	锦州湾机场	JNZ	辽宁
九寨沟	黄龙机场	JZH	四川
南昌市	昌北国际机场	KHN	江西
昆明市	长水国际机场	KMG	云南
赣州市	黄金机场	KOW	江西
克拉玛依市	古海机场	KRY	新疆
贵阳市	龙洞堡国际机场	KWE	贵州
桂林市	两江国际机场	KWL	广西
兰州市	中川国际机场	LHW	甘肃
丽江市	三义国际机场	LJG	云南
拉萨市	贡嘎机场	LXA	西藏
洛阳市	北郊机场	LYA	河南
连云港市	花果山机场	LYG	江苏
柳州市	白莲机场	LZH	广西
牡丹江市	海浪国际机场	MDG	黑龙江
绵阳市	南郊机场	MIG	四川
齐齐哈尔市	三家子机场	NDG	黑龙江
宁波市	栎社机场	NGB	浙江
南京市	禄口国际机场	NKG	江苏
南宁市	吴圩机场	NNG	广西
南阳市	姜营机场	NNY	河南
南通市	兴东机场	NTG	江苏
北京市	首都国际机场	PEK	北京
北京市	大兴国际机场	PKX	北京
上海市	浦东国际机场	PVG	上海

城市名称	机场名称	机场航空代码	所属省级行政区
上海市	虹桥国际机场	SHA	上海
沈阳市	桃仙机场	SHE	辽宁
石家庄市	正定机场	SJW	河北
三亚市	凤凰国际机场	SYX	海南
深圳市	宝安国际机场	SZX	广东
青岛市	流亭国际机场	TAO	山东
济南市	遥墙国际机场	TNA	山东
通化市	通化机场	TNH	吉林
天津市	滨海国际机场	TSN	天津
黄山市	屯溪机场	TXN	安徽
太原市	武宿国际机场	TYN	山西
乌鲁木齐市	地窝堡国际机场	URC	新疆
潍坊市	潍坊南苑机场	WEF	山东
温州市	永强机场	WNZ	浙江
武汉市	天河国际机场	WUH	湖北
无锡市	无锡机场	WUX	江苏
襄阳市	刘集机场	XFN	湖北
西安市	咸阳国际机场	XIY	陕西
厦门市	高崎国际机场	XMN	福建
西宁市	曹家堡机场	XNN	青海
徐州市	观音国际机场	XUZ	江苏
宜昌市	三峡机场	YIH	湖北
义乌市	义乌机场	YIW	浙江
延吉市	朝阳川机场	YNJ	吉林
盐城市	南洋国际机场	YNZ	江苏
湛江市	湛江机场	ZHA	广东
珠海市	金湾机场	ZUH	广东
遵义市	新舟机场	ZYI	贵州
香港特别行政区	香港国际机场	HKG	香港特别行政区
澳门特别行政区	澳门国际机场	MFM	澳门特别行政区
台北市	桃园国际机场	TPE	台湾
高雄市	高雄国际机场	KHH	台湾

（五）国内快件分拣后的复核

快件的复核是指检查员对已完成分拣的快件进行核对，确保快件路向正确。复核目的是避免因场地处理人员的遗漏和疏忽大意，导致快件分拣错误，进而造成快件的延误和丢失。

1. 快件复核的方法

1）按照操作方法分类

（1）人工复核：按照快件中转关系，建总包前由人工对分拣后的快件进行复核。

（2）系统比对：利用对快件进行电子扫描时产生的信息，由快递信息系统进行比对。当处理人员利用手持终端装车扫描时，系统自动提醒，筛选出所有分拣路向错误的快件。

2）按照工作环节分类

（1）专职复核：由场地设置的专职检查员对快件交接进行复核，分为快件接收复核和快件装车复核。

（2）相互复核：又称"交叉复核"，人工分拣时由相近分拣区域的两名场地处理人员交叉对快件分拣进行复核。

（3）环环复核：即利用场地处理过程的各环节，如拆解总包、分拣、总包封发等环节，对快件信息进行的反复核对。环环复核利用快递信息系统的自动比对功能，筛选出所有分拣不正确的快件，然后由场地主管对这些有问题的快件重新进行分拣。

2. 国内快件复核的具体内容

（1）路向复核按照堆位对分拣后的快件路向进行复核，避免快件上错车，导致快件错发、误发。

①按照中转关系对分拣的快件进行路向复核；

②按照电话区号对分拣的快件进行路向复核；

③按照邮政编码对分拣的快件进行路向复核。

（2）规格复核重点复核快件有无破损，是否进行了及时修复；对于质量低于 5 千克的小包装快件是否都封入总包。

（3）种类复核重点复核保价快件、易碎快件、贵重品快件、代收货款快件是否单独封装，总包是否加挂相应标识。

3. 国内快件复核时常见的几种问题

(1)收件人地址填写错误导致分拣错误。

(2)收件人地址相近或相似,导致分拣错误。

(3)快件运单地址在传递过程中磨损导致分拣错误。

二、快递分拣流向编码

(一)通用寄递地址编码

1. 通用寄递地址编码设置的背景

寄递地址涉及寄件方、收件方,是决定快件能否准确快速完成配送的重要因素,地址的信息化、数字化是快递业发展的必然趋势。目前各快递企业地址编码规则不一、编码互不通用的情况阻碍了快递业协同高效运转的发展要求。全行业亟须一套通用的、标准的寄递地址编码规则,供不同快递企业、不同用户统一使用,提高企业分拣效率和用户便利程度,方便监管部门统一管理,促进快递末端共同配送。在这一发展背景下,通用寄递地址编码规则的重要作用日益凸显。

2. 通用寄递地址编码设置的意义

通用寄递地址编码规则明确了寄递地址编码的标准规则,打通收寄、分拣、运输、投递等操作流程,为用户、快递企业、电商等各方提供准确的地址编码,提高快递行业的分拣效率,促进末端共同配送模式发展,对于整合快递资源,降低物流成本,提高分拣效率,促进物流共同化、绿色化发展,都具有良好的社会和经济效益。

由国家邮政局提出,由国家市场监督管理总局、国家标准化管理委员会于2022年10月14日联合发布、2023年2月1日开始实施的《通用寄递地址编码规则》(GB/T 41832—2022),是支撑邮政快递业数字化、智慧化的一项基础标准。

《通用寄递地址编码规则》(GB/T 41832—2022)明确了寄递地址编码的标准规则,打通收寄、分拣、运输、投递等操作流程,为用户、快递企业、电商等各方提供准确的地址编码,提高快递行业的分拣效率,促进末端共同配送模式发展,对于整合快递资源,降低物流成本,提高分拣效率,促进物流共同化、绿色化发展,都具有良好的社会和经济效益。该标准的发布实施具有重要意义:

(1)实现快递全行业地址信息及编码体系的统一,有利于解决各寄邮政快递企业编码不一、维护成本高、无法共享的问题,推动实现共同收寄、分拣、配送。

（2）方便客户下单、提升用户体验。

（3）对于邮政快递企业实现路径优化和位置导航具有辅助作用。

3. 编码原则

1）唯一性

每一个网格所对应的寄递位置码具有全球唯一性，每一个寄递位置码所代表的地理空间是全球唯一的。

2）应用性

通用寄递地址编码包含寄递地址的精准空间位置信息，可被读取、识别、解析等操作，便于数据溯源和定位服务等。

3）简明性

在满足所涵盖信息内容要求的前提下，通用寄递地址编码的各项信息清晰明确，且长度最小。

4）计算性

通用寄递地址编码在计算机存储、传输和计算等处理过程中，采用二进制编码，以比特为单位，便于计算。

5）扩展性

通用寄递地址编码具有可扩展、开放的体系结构，便于灵活调整和扩充。

4. 编码规则

1）通用寄递地址编码组成

通用寄递地址编码为组合码，由七部分组成。包括国家（地区）码、卫星导航定位系统码、寄递位置码、寄递位置区域码、校验码、企业码、物品和服务属性码等。其中，国家（地区）码、卫星导航定位系统码、寄递位置码、寄递位置区域码、校验码五部分属于基础编码，企业码、物品和服务属性码两部分属于扩展编码。根据不同的应用场景，基础编码与扩展编码可叠加使用，通用寄递地址编码结构图见图2-23。通用寄递地址编码每部分占用大小不等的存储空间，所占用存储空间用"比特"表示，通用寄递地址编码共占128比特。

2）各部分编码设置

128比特位中，第1到9比特标识国家（地区）码，第10到12比特标识卫星导航定位系统码，第13到80比特标识寄递位置码，第81比特和第82比特标识寄递位置区域码，第83到88比特标识校验码，第89到106比特标识企业码，第107到128比特标识物品和服务属性码，如表2-3所示。

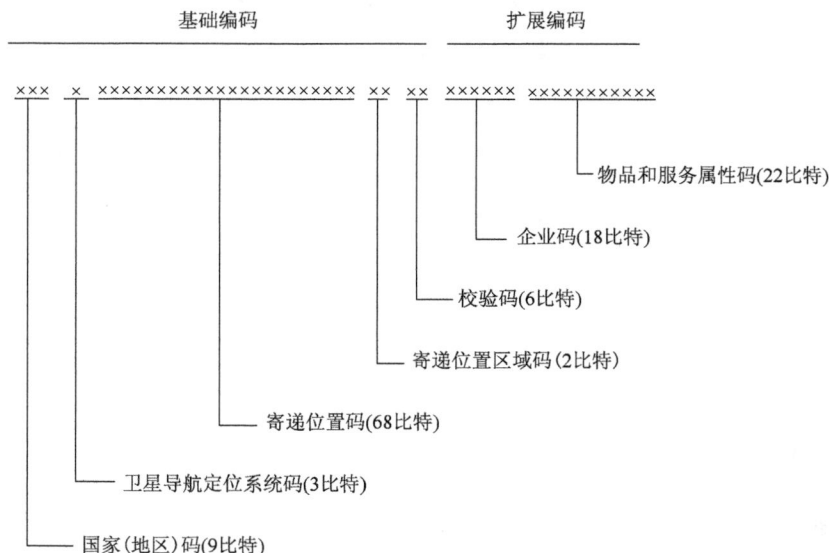

图 2-23　通用寄递地址编码结构图

各部分编码存储空间　　　　　　　　　　表 2-3

名称	存储空间	标识数
基础编码（占 88 比特）		
国家（地区码）	第 1 到第 9 比特，占 9 比特	512 个
卫星导航定位系统码	第 10 到第 12 比特，占 3 比特	8 个
寄递位置码	第 13 到第 80 比特，占 68 比特	2^{68} 个
寄递位置区域码	第 81 到第 82 比特，占 2 比特	4 个
校验码	第 83 到第 88 比特，占 6 比特	64 个
扩展编码（占 40 比特）		
企业码	第 89 到第 106 比特，占 18 比特	262144 个
物品和服务属性码	第 107 到第 128 比特，占 22 比特	2^{22} 个

（1）国家（地区）码。

国家（地区）码标识地址所在国家（地区），应按照国家（地区）加入通用寄递地址编码体系的先后顺序进行编号，占 9 比特。比如，中国第 1 位加入：000000001。

（2）卫星导航定位系统码。

卫星导航定位系统码标识实现位置定位、地址导航等功能的全球卫星定位系统，占 3 比特。例如，北斗卫星导航定位系统：001。

（3）寄递位置码。

①寄递位置码由二维网格码、高度标识符和高度编码组成，共占 68 比特。

②二维网格码应符合《北斗网格位置码》（GB/T 39409—2020）中 5.2 的相关要求。

③高度标识符取值 0 和 1,占 1 比特。当高度标识符为 0 时,寄递位置码标识大地高;当高度标识符为 1 时,寄递位置码标识楼层数。

(4)寄递位置区域码。

寄递位置区域码标识寄递位置所处的区域类别,占 2 比特,如表 2-4 所示。

寄递位置区域码标识

表 2-4

序号	区域分类	内容	存储空间
1	城乡	城市 0,农村 1	1 比特
2	建制村	乡镇人民政府所在地建制村 0,非乡镇人民政府所在地建制村 1	1 比特

(5)校验码。

校验码采用循环冗余(Cyclic Redundancy Check,CRC)校验法,校验位占 6 比特。

(6)企业码。

企业码标识提供寄递等服务的企业,应按照企业加入通用寄递地址编码体系的先后顺序进行编码,占 18 比特。如,第 1 个加入的企业:000000000000000001。

(7)物品和服务属性码。

物品和服务属性码用于标识寄递物品和服务类别,由物品形态,易碎性、寄递时效、保价服务、代收货款、签单返还、生鲜冷链、投递方式、循环包装、收件人付费和其他组成,占 22 比特。物品形态、寄递时效、投递方式和其他分类中的预留比特位,可由提供寄递等服务的企业提出需求,经邮政管理部门组织协调,统一编制。物品和服务属性码如表 2-5 所示。

物品和服务属性码

表 2-5

序号	分类	属性	存储空间
1	物品形态	固体(非粉末)000、粉末 001、液体 010、气体 011、其他预留	3 比特
2	易碎性	是 0,否 1	1 比特
3	寄递时效	当日达 000、次日达 001、72 小时以内 010、72 小时以上 011、其他预留	3 比特
4	保价服务	是 0,否 1	1 比特
5	代收货款	是 0,否 1	1 比特
6	签单返还	是 0,否 1	1 比特
7	生鲜冷链	是 0,否 1	1 比特
8	投递方式	投递到户 000、投递到箱 001、投递到站 010、其他预留	3 比特
9	循环包装	是 0,否 1	1 比特
10	收件人付费	是 0,否 1	1 比特
11	其他	预留,默认 000000	6 比特

示例:

物品的属性为固体、不易碎、当日达、非保价服务、非代收货款、非签单返还、生鲜冷链、投递到户、循环包装、收件人付费:000100011100000000000。

5.编码使用和维护

1)编码使用

(1)寄递用户可注册寄递位置码,在寄件、收件、位置定位时可使用寄递位置码。

(2)加入通用寄递地址编码体系的企业应在企业相关信息系统中留有接口,按照本文件规定实现地址赋码,并按安全管理等规定向邮政管理部门提供地址及编码信息查询、报送等功能。

2)编码维护

当国家(地区)和企业发生变化时,通用寄递地址编码应相应进行更新和维护。

【案例2-16】

通用寄递地址编码赋码

某快件收件地址为北京市密云区十里堡镇某某小区5栋1单元301,使用北斗卫星导航定位系统定位,由某企业提供寄递服务,快件物品属性为液体,易碎、72小时以上、保价、代收货款、签单返还、非生鲜冷链、投递到站、非循环包装、收件人付费。示例如表2-6所示。

通用寄递地址编码赋码示例　　　　　　　表2-6

编码组成	编码内容	赋码
基础编码		
国家(地区)码	中国	000000001
卫星导航定位系统码	北斗卫星导航定位系统	001
寄递位置码	北京市密云区十里堡镇 ××小区5栋1单元301	0110010010100101000101001100011101110110101010 1000101000000000011000
寄递位置	城市、镇政府所在地	00
校验码	—	100110
扩展编码		
企业码	某企业	00000000000000001
物品和服务属性码	液体、易碎、72小时以上、保价、代收货款、签单返还、非生鲜冷链、投递到站、非循环包装、收件人付费	0100011000101010000000

(二)快递三段码

在通用寄递地址编码广泛应用之前,大部分快递企业已经开发使用企业自身的一套代码体系以适应自动化分拣作业等快件流转的需要,大部分快递企业现阶段使用较为普遍的是快递三段码(图2-24)。

图 2-24 快递运单上的快递三段码

快递分拣流向代码,因大部分快递公司使用三段式,所以快递公司统称为快递三段码。顾名思义,快递三段码是把快件寄递的整个路由信息分为三个数据段。各快递公司的三段码含义并不完全相同,有的快递公司第一段是目的地所属中转中心及建包类型,有的快递公司是目的地城市电话区号;第二段是目的地城市代码或目的地网点公司代码,主要用于末端转运中心和末端网点进行分拣;第三段是城市快递员在本区域的区域代码。通过这三段数字,可以对中心、分公司、承包区、业务员等进行编码,达到快件快速分拣、寄递的目的。

1.快递三段码推广的意义

1)实现自动化

快递三段码的建立,是数据标准化、信息化的基础,使传统人力操作业务流程向智能化、自动化转变。

2)提高工作效率

快递三段码的广泛应用,可以简化快递员烦琐的录入工作、促进派送工作效率的提升,并且提高分拣建包、进港派件的效率。

3) 提高准确率

传统的人工分拣，效率低，而且容易因员工失误，发生分拣错误。快递三段码的广泛应用，可以做到减少快件错发、错建包，提高了快递工作的准确率。

4) 降低成本

快递三段码的应用使人力操作业务流程向自动化、智能化转变，降低了人力成本以及工作人员的劳动强度。

2. 快递三段码编制原则

1) 正确性

快递三段码在编制时，一定要注意正确性，只有正确的三段码，才能更好地与快递企业的数据库信息对接，才能适应自动化分拣及快速寄递的需求。在实务操作中，一般情况下，前两段码出现的错误率较低，只有代表具体派送人员的第三段码，因快递人员的离职、扩区域派送等原因，出错概率会偏大。

2) 适应性

快递三段码要有良好的适应性。不同的快递公司因区域中心、转运中心设置、网点设置不同，在编制自己公司的三段码时各不相同。比如，有的快递公司是按照电话区号设置首段码，有的快递公司是按照大区设置首段码。以下是某快递公司按大区设置的一段码首位数（表2-7）。

某快递公司三段码首位数表 表2-7

大区	对应省（区、市）	一段码首位数
华北区	北京、天津、河北、山西、内蒙古	1
东北区	辽宁、吉林、黑龙江	2
华东区	上海、浙江、江苏、安徽、山东、福建、江西	3、4、5
华南区	广东、广西、海南	6
华中区	湖南、湖北、河南	7
西南区	四川、贵州、云南、重庆、西藏	8
西北区	陕西、甘肃、宁夏、青海、新疆	9

3) 简洁性

三段码在设立时一定要注意简单明了，容易区分和记忆。

4) 数字化

有的快递公司三段码中有文字部分，为了提高工作效率，提高准确率，快递三段码在编码时应尽量采用数字或字母的形式。

快递三段码的广泛使用，使快递企业实现连续、大量、快速、自动地分拣，信息采集准确，分拣误差较小。自动分拣作业基本实现了无人化，使劳动效率大幅提高。

3.快递三段码编制规则

1）快递三段码编码的确定过程

通常情况下，大部分快递公司三段码的确定过程为：第一段码根据收件人地址，匹配末端处理中心，确认一段码，一段码的编制和始发网点无关；二段码依据收件人地址匹配派送网点；三段码依据派送详细地址，确认派送区域，精确到业务员，形成三段码。

2）快递公司的三段码编码，一般遵循以下规则：

（1）根据订单的始发网点、收件人地址计算始发区划、目的区划。

（2）根据始发区划、目的区划在第一段码配置表中匹配第一段码。

（3）根据目的区划、收件人地址在历史数据库中匹配签收结果，依据匹配结果调用配置表，匹配第二段码与第三段码。

（4）将第一段码、第二段码、第三段码组合为三段码。

三、国际快件的分拣

国际快递业务兴起于 20 世纪 60 年代末的美国，1980 年中国邮政开办全球邮政特快专递业务（EMS），随后国际快递巨头也纷纷通过合资、委托代理等方式进入中国市场，国际快递服务是快递业务中重要的组成部分，是国内快递服务的跨国延伸和扩展。

（一）国际快递

国际快递是指寄件地和收件地分别在中华人民共和国境内和其他国家或地区（中国香港特别行政区、中国澳门特别行政区、中国台湾地区除外）的快递业务，以及其他国家或地区间用户相互寄递但通过中国境内经转的快递业务。

《快递暂行条例》规定：国家鼓励经营快递业务的企业依法开展进出境快递业务，支持在重点口岸建设进出境快件处理中心、在境外依法开办快递服务机构并设置快件处理场所。海关、出入境检验检疫、邮政管理等部门应当建立协作机制，完善进出境快件管理，推动实现快件便捷通关

（二）国际快件传递网络

近年来，国际快递业务量呈上升趋势，但国际快递业务量占我国快递业务总量的比例仍然较小，我国的快递业务，仍以国内快递为主。世界上很多开展国际快递业务的快递公

司,一般都有自己的国际快递空运专线。

目前国际快件传递网络主要采用国际转运中心和口岸中心模式。国际转运中心(Hub)的主要职能是面向其他目的地(或下一个转运中心)进行国际快件中转,次要职能是针对本地的国际快件进行清关;口岸中心(Gateway)的主要职能是针对本地的国际快件进行清关,次要职能是面向下一个转运中心进行国际快件中转。

1. 世界主要航空货运航线

国际快件传递距离远,为保证时效,一般采用航空运输方式。世界航空货运航线主要有三条:

(1)西欧—北美间的北大西洋航空线。

该航线主要连接巴黎、伦敦、法兰克福、纽约、芝加哥、蒙特利亚等航空枢纽。

(2)西欧—中东—亚洲航空线。

该航线连接西欧各主要机场至香港、北京、东京等机场并途经雅典、开罗、德黑兰、卡拉奇、新德里、曼谷、新加坡等重要航空站。

(3)亚洲—北美间的北太平洋航线。

该航线是北京、香港、东京等机场经北太平洋上空至北美西海岸的温哥华、西雅图、旧金山、洛杉矶等机场的航空线,并可延伸至北美东海岸的机场,太平洋中部的火奴鲁鲁是该航线的主要中继加油站。

此外,还有北美—南美,西欧—南美,西欧—非洲,西欧—东南亚—澳新,亚洲—澳新,北美—澳新等重要国际航空线。

2. 我国国际贸易航空货运线和机场

在我国,目前主要在香港、北京、上海、广州、成都、昆明、台北、南京、西安、深圳、重庆等机场接办国际航空货运任务。

由于国际快递服务营运成本高,运输距离远,主要使用飞机作为运输工具,需要覆盖全球范围的运营网络与分拨中心、先进的计算机网络及信息系统和全自动化的分拣设备等,这些形成了进入国际快递服务领域的技术和资金壁垒。在国际快递业务市场上,垄断性较强,目前国际快递公司主要有敦豪全球货运(中国)有限公司、优比速包裹运送(广东)有限公司、中国邮政速递物流股份有限公司、联邦快递(中国)有限公司、顺丰控股股份有限公司、圆通速递国际控股有限公司、天地国际运输代理(中国)有限公司、欧西爱司物流(上海)有限公司、中外运安迈世(上海)国际航空快递有限公司、迪比翼环球快递(上海)有限公司等。

3. 部分国际机场(表 2-8)

世界部分国际机场(中英文对照) 　　　表 2-8

中文名称	英文名称	航空代码	所属国家
阿姆斯特丹史吉浦国际机场	Amsterdam Airport Schiphol	AMS	荷兰
奥克兰国际机场	Oakland International Airport	AKL	新西兰
北京首都国际机场	Beijing Capital International Airport	PEK	中国
孟买国际机场	Chhatrapati Shivaji International Airport	BOM	印度
开罗国际机场	Cairo International Airport	CAI	埃及
德里国际机场	Delhi International Airport	DEL	印度
迪拜国际机场	Dubai International Airport	DXB	阿联酋
雅典国际机场	Eleftherios Venizelos International Airport	ATH	希腊
法兰克福国际机场	Frankfurt International Airport	FRA	德国
日内瓦国际机场	Geneva International Airport	GVA	瑞士
广州白云国际机场	GuangZhong BaiYun International Airport	CAN	中国
香港国际机场	Hongkong International Airport	HKG	中国
仁川国际机场	Incheon International Airport	ICN	韩国
伊斯坦布尔国际机场	Istanbul International Airport	IST	土耳其
吉隆坡国际机场	Kuala Lumpur International Airport	KUL	马来西亚
拉各斯国际机场	Lagos International Airport	LOS	尼日利亚
伦敦希思罗国际机场	London Heathrow International Airport	LHR	英国
莫斯科谢列梅捷沃国际机场	Moscow Sheremetyevo Airport	SVO	俄罗斯
墨尔本国际机场	Melbourne International Airport	MEL	澳大利亚
墨西哥城国际机场	Mexico City International Airport	MEX	墨西哥
布宜诺斯艾利斯埃塞伊萨国际机场	Ministro Pistarini International Airport	EZE	阿根廷
东京成田国际机场	Narita International Airport	NRT	日本
纽约约翰·菲茨杰拉德·肯尼迪国际机场	New York John Fitzgerald Kennedy International Airport	JFK	美国
大阪关西国际机场	Kansai International Airport	KIX	日本
巴黎夏尔·戴高乐国际机场	Paris Charles de Gaulle International Airport	CDG	法国
里约热内卢国际机场	Rio de Janeiro International Airport	GIG	巴西
罗马钱皮诺国际机场	Rome Ciampino Airport	CIA	意大利
圣保罗国际机场	Sao Paulo-Guarulhos International Airport	GRU	巴西
上海浦东国际机场	Shanghai Pudong International Airport	PVG	中国
新加坡樟宜国际机场	Singapore Changi Airport	SIN	新加坡

中文名称	英文名称	航空代码	所属国家
斯德哥尔摩阿兰达国际机场	Stockholm Arlanda International Airport	ARN	瑞典
悉尼金斯福德·史密斯国际机场	Sydney Kingsford Smith International Airport	SYD	澳大利亚
台北桃园国际机场	Taiwan Taoyuan International Airport	TPE	中国
多伦多皮尔逊国际机场	Toronto Pearson International Airport	YYZ	加拿大
苏黎世国际机场	Zurich International Airport	ZRH	瑞士

(三)世界部分国家(地区)英文名称、缩写、邮政编码格式和国际电话区号

快件处理人员对国际出口快件进行处理时,一般是按照快件寄达国国家名(或缩写)、寄达国国际电话区号或寄达国目的城市航空代码进行分拣的。

世界部分国家(地区)英文名称缩写、邮政编码格式和国际电话区号如表2-9所示。

世界部分国家(地区)英文名称缩写、邮政编码格式和国际电话区号表　　　表2-9

所在大洲	国家	英文缩写	首都	国际电话区号	邮政编码格式
亚洲	阿富汗 The Islamic Republic of Afghanistan(Afghanistan)	AF	喀布尔 Kabul	93	无
	阿塞拜疆 Republic of Azerbaijan(Azerbaijan)	AZ	巴库 Baku	994	AZ×××
	巴林 The Kingdom of Bahrain(Bahrain)	BH	麦纳麦 Manama	973	××× 或××××××
	孟加拉国 The People's Republic of Bangladesh(Bangladesh)	BD	达卡 Dhaka	880	××××
	缅甸 The Republic of the Union of Myanmar(Myanmar)	MM	内比都 Nay Pyi Taw	95	无
	中国 The People's Republic of China(China)	CN	北京 Beijing	86	××××××
	印度 The Republic of India(India)	IN	新德里 New Delhi	91	××××××
	印度尼西亚 Republic of Indonesia(Indonesia)	ID	雅加达 Jakarta	62	×××××
	伊朗 The Islamic Republic of Iran(Iran)	IR	德黑兰 Tehran	98	无
	伊拉克 The Republic of Iraq(Iraq)	IQ	巴格达 Baghdad	964	×××××
	以色列 The State of Israel(Israel)	IL	耶路撒冷 Jerusalem	972	×××××
	日本 Japan	JP	东京 Tokyo	81	×××-×××××

所在大洲	国家	英文缩写	首都	国际电话区号	邮政编码格式
亚洲	约旦 The Hashemite Kingdom of Jordan(Jordan)	JO	安曼 Amman	962	×××××
	柬埔寨 The Kingdom of Cambodia(Cambodia)	KH	金边 Phnom Penh	855	×××××
	韩国 Republic of Korea(Korea)	KR	首尔 Seoul	82	×××-×××
	科威特 The State of Kuwait(Kuwait)	KW	科威特城 Kuwait City	965	无
	老挝 The Lao People's Democratic Republic(Laos)	LA	万象 Vientiane	856	×××××
	黎巴嫩 The Lebanese Republic(Lebanon)	LB	贝鲁特 Beirut	961	×××× ××××
	马来西亚 Malaysia	MY	吉隆坡 Kuala Lumpur	60	×××××
	蒙古 Mongolia	MN	乌兰巴托 Ulaanbaatar	976	×××××
	尼泊尔 Nepal	NP	加德满都 Kathmandu	977	×××××
	朝鲜 Democratic People's Republic of Korea	KP	平壤 Pyongyang	850	无
	阿曼 The Sultanate of Oman(Oman)	OM	马斯喀特 Muscat	968	×××
	巴基斯坦 The Islamic Republic of Pakistan(Pakistan)	PK	伊斯兰堡 Islamabad	92	×××××
	菲律宾 Republic of the Philippines(Philippines)	PH	大马尼拉市 MetroManila	63	×××
	卡塔尔 The State of Qatar(Qatar)	QA	多哈 Doha	974	无
	沙特阿拉伯 Kingdom of Saudi Arabia(Saudi Arabia)	SA	利雅得 Riyadh	966	无
	新加坡 Republic of Singapore(Singapore)	SG	新加坡 Singapore	65	××××××

续上表

所在大洲	国家	英文缩写	首都	国际电话区号	邮政编码格式
亚洲	斯里兰卡 The Democratic Socialist Republic of Sri Lanka （Sri Lanka）	LK	科伦坡 Colombo	94	×××××
	叙利亚 The Syrian Arab Republic（Syria）	SY	大马士革 Damascus	963	无
	泰国 The Kingdom of Thailand（Thailand）	TH	曼谷 Bangkok	66	×××××
	土耳其 Republic of Türkiye（Türkiye）	TR	安卡拉 Ankara	90	TR-××××
	阿联酋 The United Arab Emirates	AE	阿布扎比 Abu Dhabi	971	无
	亚美尼亚 Republic of Armenia（Armenia）	AM	埃里温 Yerevan	374	××××
	越南 The Socialist Republic of Viet Nam（Viet Nam）	VN	河内 Ha Noi	84	××××××
欧洲	奥地利 The Republic of Austria（Austria）	AT	维也纳 Vienna	43	××××
	白俄罗斯 Republic of Belarus（Belarus）	BY	明斯克 Minsk	375	××××××
	比利时 The Kingdom of Belgium（Belgium）	BE	布鲁塞尔 Brussels	32	B－××××
	保加利亚 The Republic of Bulgaria（Bulgaria）	BG	索非亚 Sofia	359	××××
	捷克 The Czech Republic（Czechia）	CZ	布拉格 Prague	420	×××　××
	丹麦 The Kingdom of Denmark（Denmark）	DK	哥本哈根 Copenhagen	45	××××
	爱沙尼亚 Republic of Estonia（Estonia）	EE	塔林 Tallinn	372	×××××
	芬兰 The Republic of Finland（Finland）	FI	赫尔辛基 Helsinki	358	FIN-××××
	法国 The French Republic（France）	FR	巴黎 Paris	33	×××××

续上表

所在大洲	国家	英文缩写	首都	国际电话区号	邮政编码格式
欧洲	德国 The Federal Republic of Germany(Germany)	DE	柏林 Berlin	49	×××××
	希腊 The Hellenic Republic(Greece)	GR	雅典 Athens	30	GR-××××
	匈牙利 Hungary	HU	布达佩斯 Budapest	36	H-×××
	冰岛 Iceland	IS	雷克雅未克 Reykjavik	354	×××
	爱尔兰 Ireland	IE	都柏林 Dublin	353	无
	意大利 Repubblica Italiana(Italy)	IT	罗马 Rome	39	×××××
	拉脱维亚 The Republic of Latvia(Latvia)	LV	里加 Riga	371	××××
	立陶宛 The Republic of Lithuania(Lithuania)	LT	维尔纽斯 Vilnius	370	LT××××
	卢森堡 The Grand Duchy of Luxembourg(Luxembourg)	LU	卢森堡市 Luxembourg	352	××××
	摩纳哥 The Principality of Monaco(Monaco)	MC	摩纳哥城 Monaco-Ville	377	×××××
	荷兰 The Kingdom of the Netherlands(Netherlands)	NL	阿姆斯特丹 Amsterdam	31	××××AA
	挪威 The Kingdom of Norway(Norway)	NO	奥斯陆 Oslo	47	NO-××××
	波兰 The Republic of Poland(Poland)	PL	华沙 Warsaw	48	×××××-×××
	葡萄牙 The Portuguese Republic(Portugal)	PT	里斯本 Lisbon	351	××××-×××
	罗马尼亚 Romania	RO	布加勒斯特 Bucharest	40	××××××
	俄罗斯 Russian Federation(Russia)	RU	莫斯科 Moscow	7	××××××

续上表

所在大洲	国家	英文缩写	首都	国际电话区号	邮政编码格式
欧洲	斯洛伐克 The Slovak Republic(Slovakia)	SK	布拉迪斯拉发 Bratislava	421	×××　××
	斯洛文尼亚 The Republic of Slovenia(Slovenia)	SI	卢布尔雅那 Ljubljana	386	SL××××
	西班牙 The Kingdom of Spain(Spain)	ES	马德里 Madrid	34	×××××
	瑞典 Sweden	SE	斯德哥尔摩 Stockholm	46	SE-×××××
	瑞士 Swiss Confederation(Switzerland)	CH	伯尔尼 Bern	41	××××
	乌克兰 Ukraine	UA	基辅 Kyiv	380	×××××
	英国 The United Kingdom of Great Britain and Northern Ireland(United Kingdom)	GB	伦敦 London	44	多种格式
北美洲	加拿大 Canada	CA	渥太华 Ottawa	1	A×A　×A×
	哥斯达黎加 The Republic of Costa Rica(Costa Rica)	CR	圣何塞 San José	506	×××××
	古巴 The Republic of Cuba(Cuba)	CU	哈瓦那 La Habana	53	CP××××
	危地马拉 The Republic of Guatemala(Guatemala)	GT	危地马拉城 Ciudad de Guatemala	502	×××××
	海地 The Republic of Haiti(Haiti)	HT	太子港 Port au Prince	509	HT××××
	洪都拉斯 The Republic of Honduras(Honduras)	HN	特古西加尔巴 Tegucigalpa	504	AA××××
	牙买加 Jamaica	JM	金斯顿 Kingston	1876	JMAAA××
	墨西哥 The United Mexican States(Mexico)	MX	墨西哥城 Mexico City	52	×××××

续上表

所在大洲	国家	英文缩写	首都	国际电话区号	邮政编码格式
北美洲	尼加拉瓜 The Republic of Nicaragua(Nicaragua)	NI	马那瓜 Managua	505	无
	巴拿马 The Republic of Panama(Panama)	PA	巴拿马城 Panama City	507	无
	特立尼达和多巴哥 The Republic of Trinidad and Tobago (Trinidad and Tobago)	TT	西班牙港 Port of Spain	1868	无
	美国 The United States of America(America)	US	华盛顿 哥伦比亚特区 Washington D. C.	1	×××××-××××
南美洲	阿根廷 The Republic of Argentina(Argentina)	AR	布宜诺斯艾利斯 Buenos Aires	54	××××
	玻利维亚 Plurinational State of Bolivia(Bolivia)	BO	拉巴斯 La Paz	591	无
	巴西 The Federative Republic of Brazil(Brazil)	BR	巴西利亚 Brasília	55	×××××
	智利 Republic of Chile(Chile)	CL	圣地亚哥 Santiago	56	无
	哥伦比亚 Republic of Colombia(Colombia)	CO	波哥大 Bogotá	57	无
	厄瓜多尔 Republic of Ecuador(Ecuador)	EC	基多 Quito	593	无
	巴拉圭 Republic of Paraguay(Paraguay)	PY	亚松森 Asunción	595	无
	秘鲁 Republic of Peru(Peru)	PE	利马 Lima	51	无
	乌拉圭 Oriental Republic of Uruguay(Uruguay)	UY	蒙得维的亚 Montevideo	598	无
	委内瑞拉 Bolivarian Republic of Venezuela(Venezuela)	VE	加拉加斯 Caracas	58	无

所在大洲	国家	英文缩写	首都	国际电话区号	邮政编码格式
非洲	阿尔及利亚 The People's Democratic Republic of Algeria(Algeria)	DZ	阿尔及尔 Algiers	213	××××××
	安哥拉 The Republic of Angola(Angola)	AO	罗安达 Luanda	244	无
	喀麦隆 The Republic of Cameroon(Cameroon)	CM	雅温得 Yaounde	237	无
	埃及 The Arab Republic of Egypt(Egypt)	EG	开罗 Cairo	20	无
	埃塞俄比亚 The Federal Democratic Republic of Ethiopia(Ethiopia)	ET	亚的斯亚贝巴 Addis Ababa	251	无
	加纳 The Republic of Ghana(Ghana)	GH	阿克拉 Accra	233	无
	肯尼亚 The Republic of Kenya(Kenya)	KE	内罗毕 Nairobi	254	无
	利比亚 State of Libya(Libya)	LY	的黎波里 Tripoli	218	无
	马达加斯加 The Republic of Madagascar(Madagascar)	MG	塔那那利佛 Antananarivo	261	×××
	摩洛哥 The Kingdom of Morocco(Morocco)	MA	拉巴特 Rabat	212	××××××
	莫桑比克 The Republic of Mozambique(Mozambique)	MZ	马普托 Maputo	258	无
	纳米比亚 The Republic of Namibia(Namibia)	NA	温得和克 Windhoek	264	无
	尼日利亚 The Federal Republic of Nigeria(Nigeria)	NG	阿布贾 Abuja	234	无
	塞内加尔 The Republic of Senegal(Senegal)	SN	达喀尔 Dakar	221	无
	索马里 The Federal Republic of Somalia(Somalia)	SO	摩加迪沙 Mogadishu	252	无

续上表

所在大洲	国家	英文缩写	首都	国际电话区号	邮政编码格式
非洲	南非 The Republic of South Africa(South Africa)	ZA	比勒陀利亚 Pretoria	27	××××
	苏丹 The Republic of the Sudan(Sudan)	SD	喀土穆 Khartoum	249	无
	坦桑尼亚 The United Republic of Tanzania(Tanzania)	TZ	多多马 Dodoma	255	无
	多哥 The Republic of Togo(Togo)	TG	洛美 Lome	228	无
	突尼斯 The Republic of Tunisia(Tunisia)	TN	突尼斯市 Tunis	216	××××
	赞比亚 The Republic of Zambia(Zambia)	ZM	卢萨卡 Lusaka	260	无
大洋洲	澳大利亚 The Commonwealth of Australia(Australia)	AU	堪培拉 Canberra	61	××××
	新西兰 New Zealand	NZ	惠灵顿 Wellington	64	××××
	汤加 The Kingdom of Tonga(Tonga)	TO	努库阿洛法 Nuku'alofa	676	无

注:×表示任一阿拉伯数字;A表示任一英文字母。

(四)亚洲部分国家概述

1.日本部分城市的英文名称、邮政编码和航空代码(表2-10)

日本(Japan)位于太平洋西岸,是一个由东北向西南延伸的弧形岛国。西隔东海、黄海、朝鲜海峡、日本海与中国、朝鲜、韩国、俄罗斯相望。陆地面积约37.8万平方公里,包括北海道、本州、四国、九州四个大岛和其他6800多个小岛屿。日本分为1都(东京都:Tokyo)、1道(北海道:Hokkaido)、2府(大阪府:Osaka、京都府:Kyoto)和43县(省),下设市、町、村。对外贸易在日本国民经济中占重要地位,有贸易关系的国家(地区)数约200个。日本资源贫乏,90%以上依赖进口,主要进口商品有原油、天然气、煤炭、服装、医药品、金属及铁矿石原材料等;主要出口商品有汽车、钢铁、塑料、科学光学仪器、一般机械、化学制品等。主要贸易对象国为中国、美国、韩国、澳大利亚等。

日本邮政编码由 7 位数字组成,例如:951-8073,其中前 3 位数字表示区域,后 4 位数字表示分支。

日本部分城市的英文名称、邮政编码和航空代码　　　　　　　　　表 2-10

部分城市	英文缩写名称	邮政编码示例	航空代码
东京	Tokyo	150-0000	NRT
大阪	Osaka	540-8570	KIX
横滨	Yokohama	222-0033	YOK
名古屋	Nagoya	450-0002	NGO
仙台	Sendai	980-0001	SDJ

2. 韩国部分城市的英文名称、邮政编码和航空代码(表 2-11)

韩国(Republic of Korea)位于亚洲大陆东北部朝鲜半岛南半部,东、南、西三面环海。全国划分为 1 个特别市(首尔特别市)、2 个特别自治市(道)(世宗特别自治市、济州特别自治道)、8 个道(京畿道、江原道、忠清北道、忠清南道、全罗北道、全罗南道、庆尚北道、庆尚南道)、6 个广域市(釜山、大邱、仁川、光州、大田、蔚山)。仁川国际机场(Incheon International Airport,航空代码:ICN)是韩国最大的国际机场,也是东北亚地区的航运枢纽。

韩国邮政编码包含 6 个数字,前 3 个数字后面有一个破折号,例如:110-110,破折号前 3 个数字代表地区代码(省份、地区、城镇),后 3 个数字表示邮政代码。

韩国部分城市的英文名称、邮政编码和航空代码　　　　　　　　　表 2-11

部分城市	英文名称	邮政编码示例	航空代码
首尔	Seoul	100-000	SEL
仁川	Incheon	407 – 705	ICN
釜山	Busan	612-022	PUS

3. 新加坡的英文名称、邮政编码和航空代码

新加坡(Republic of Singapore)位于马来半岛南端、马六甲海峡入口,北隔柔佛海峡与马来西亚相邻,南隔新加坡海峡与印度尼西亚相望。新加坡交通发达、设施便利,是世界重要的转口港及联系亚、欧、非、大洋洲的航空中心,新加坡樟宜机场连续多年被评为世界最佳机场。对外贸易是新加坡国民经济的重要支柱,主要进口商品为电子真空管、原油、加工石油产品、办公及数据处理机零件等,主要出口商品为成品油、电子元器件、化工品和工业机械等,主要贸易伙伴为中国、马来西亚、美国。

新加坡邮政编码包含 6 个数字，前两位是投递区码，后四位代表投递点，例如：839999。

4. 印度部分城市的英文名称、邮政编码和航空代码（表 2-12）

印度是印度共和国（The Republic of India）的简称，是南亚次大陆最大国家，东北部同中国、尼泊尔、不丹接壤，孟加拉国夹在东北国土之间，东部与缅甸为邻，东南部与斯里兰卡隔海相望，西北部与巴基斯坦交界，东临孟加拉湾，西濒阿拉伯海，海岸线长 5560 公里，首都是新德里。印度资源丰富，有矿藏近 100 种；主要工业包括纺织、食品加工、化工、制药、钢铁、水泥、采矿、石油和机械等；拥有世界 1/10 的可耕地，是世界上最大的粮食生产国之一。

印度邮政编码称为 Postal Index Number（PIN），是一个 6 位数字编码，例如：110034，全国有 8 个编码区域，第 1 位数字代表编码区域，前 2 位数字一起表示一个子区域或者邮区，前 3 位数字一起表示一个排列/收入分区，后 3 位数字表示分发的邮局。

印度部分城市的英文名称、邮政编码和航空代码　　　　表 2-12

部分城市	英文名称	邮政编码示例	航空代码
新德里	New Delhi	110 042	DEL
班加罗尔	Bangalore	560 078	BLR
孟买	Mumba	400 000	BOM

5. 阿联酋部分城市的英文名称、邮政编码和航空代码（表 2-13）

阿联酋是阿拉伯联合酋长国（The United Arab Emirates）的简称，位于阿拉伯半岛东部，北濒波斯湾，海岸线长 734 公里。西和南与沙特阿拉伯交界，东和东北与阿曼毗连。由七个酋长国组成：阿布扎比、迪拜、沙迦、哈伊马角、阿治曼、富查伊拉和乌姆盖万，首都是阿布扎比。阿联酋公路总长约 4080 公里，道路质量位居世界前列；有 12 个主要海港，阿布扎比的哈利法港是中东地区自动化程度最高的港口，并拟建成全球最大的产业集群区，迪拜杰拜勒·阿里港是全球最大的人造港和中东地区最大的港口；境内共有 39 个机场，其中包括阿布扎比、迪拜等 7 个国际机场。

阿联酋部分城市的英文名称、邮政编码和航空代码　　　　表 2-13

部分城市	英文名称	邮政编码示例	航空代码
阿布扎比	Abu Dhabi	无	AUH
迪拜	Dubai	无	DXB

(五)欧洲部分国家概述

1. 德国部分城市的英文名称、邮政编码和航空代码(表2-14)

德国全称德意志联邦共和国(The Federal Republic of Germany),位于欧洲中部,东邻波兰、捷克,南毗奥地利、瑞士,西界荷兰、比利时、卢森堡、法国,北接丹麦,濒临北海和波罗的海,陆地边界全长3876公里,海岸线长2389公里。德国行政区划分为联邦、州、市镇三级,共有16个州,首都是柏林。德国是高度发达的工业国,是世界贸易大国,交通运输业十分发达,公路、水路和航空运输全面发展,同世界上230多个国家和地区保持贸易关系。德国作为空运基地近年来发展活跃,从德国乘飞机出发可以抵达世界所有地区,法兰克福国际机场(Frankfort International Airport,航空代码:FRA)为欧洲重要的航空中转中心。

德国邮政编码由5位数字组成,例如:26133,其中前两个数字代表省份,后三个数字代表城市地区。

德国部分城市的英文名称、邮政编码和航空代码　　　　　　　　　表2-14

部分城市	英文名称	邮政编码示例	航空代码
柏林	Berlin	10623	BER
法兰克福	Frankfurt	60326	FRA
莱比锡	Leipzig	04024	LEJ
慕尼黑	Munich	82234	MUC
斯图加特	Stuttgart	70182	STR

2. 法国部分城市的英文名称、邮政编码和航空代码(表2-15)

法国全称法兰西共和国(The French Republic),位于欧洲西部,本土呈六边形,三边临水,首都是巴黎。与比利时、卢森堡、德国、瑞士、意大利、摩纳哥、西班牙、安道尔接壤,西北隔英吉利海峡与英国相望,濒临北海、英吉利海峡、大西洋和地中海四大海域。平原占总面积的2/3,主要山脉有阿尔卑斯山脉、比利牛斯山脉、汝拉山脉等。本土边境线总长度为6337公里,其中海岸线3424公里,陆地线2913公里,海外边境线1263公里,海岸线2000公里。法国分为大区、省和市镇,本土划为13个大区、96个省,还有5个海外单省大区、5个海外行政区和1个地位特殊的海外属地。法国是最发达的工业国家之一,在核电、航空、航天和铁路方面居世界领先地位。法国主要工业部门有汽车制造、造船、机械、纺织、化学、电子、日常消费品、食品加工和建筑业等,钢铁、汽车和建筑业为三大工业支柱。同时,法国是欧盟最大的农业生产国,也是世界主要农产品和农业食品出口国。

法国邮政编码由 5 个数字组成，例如：33380，前两位代表省，后三位分别代表城市、地区和邮政分局。

法国部分城市的英文名称、邮政编码和航空代码　　　　　表 2-15

部分城市	英文名称	邮政编码示例	航空代码
巴黎	Paris	75000	CDG
波尔多	Bordeaux	33000	BOD
里昂	Lyon	69000	LYS
马赛	Marseille	13000	MRS

3. 英国部分城市的英文名称、邮政编码和航空代码

英国全称大不列颠及北爱尔兰联合王国（The United Kingdom of Great Britain and Northern Ireland），位于欧洲西部，由大不列颠岛（包括英格兰、苏格兰、威尔士）、爱尔兰岛东北部和一些小岛组成。隔北海、多佛尔海峡、英吉利海峡与欧洲大陆相望，海岸线总长11450 公里。伦敦希思罗机场（London Heathrow International Airport，航空代码：LHR）是英国最大的国际机场，也是世界最大、最繁忙的机场之一。

英国邮政编码是由英文字母及数字混用组成的编码（表 2-16），其邮政编码可以是下列六种格式之一（格式中：×表示任一阿拉伯数字；A 表示任一英文字母）。

英国邮政编码格式　　　　　表 2-16

格式	邮政编码示例	格式	邮政编码示例
A× ×AA	M2 5BQ	AA×× ×AA	DN16 9AA
A×× ×AA	M34 4AB	A×A ×AA	W1A 4ZZ
AA× ×AA	CR0 2YR	AA×A ×AA	EC1A 1HQ

除此之外，尚有特例"GIR 0AA"（不符合上列六种格式）也是合法邮政编码。所有的英国邮区编号都可分成四部分：邮域（Postal Area），最前面的一个或两个英文字母；邮区（Postal District），接下来至空白的一位或二位数字及可能有的一个英文字母；邮政部门（Postal Sector），空白后的一位数字；递送点（Delivery Point），最后的二个英文字母（表 2-17）。

英国部分城市的英文名称、邮政编码和航空代码　　　　　表 2-17

部分城市	英文名称	邮政编码示例	航空代码
伦敦	London	RG6 4UT	LHR
伯明翰	Birmingham	B42 2SU	BHX
利物浦	Liverpool	L69 3BX	LPL
曼彻斯特	Manchester	M13 9PL	MAN

4. 俄罗斯部分城市的英文名称、邮政编码和航空代码(表2-18)

俄罗斯全称俄罗斯联邦(Russian Federation),横跨欧亚大陆,东西最长9000公里,南北最宽4000公里。邻国西北面有挪威、芬兰,西面有爱沙尼亚、拉脱维亚、立陶宛、波兰、白俄罗斯,西南面是乌克兰,南面有格鲁吉亚、阿塞拜疆、哈萨克斯坦,东南面有中国、蒙古和朝鲜,东面与日本和美国隔海相望。莫斯科谢列梅杰沃国际机场(Moscow Sheremetyevo Airport,航空代码:SVO)是俄罗斯航空的枢纽港。

俄罗斯邮政编码由6位数字组成,例如:25075,其中前3位代表省或者大城市,后3位代表投递邮局。

俄罗斯部分城市的英文名称、邮政编码和航空代码　　　　表2-18

部分城市	英文名称	邮政编码示例	航空代码
莫斯科	Moscow	125190	SVO
新西伯利亚	Novosibirsk	630000	OVB
圣彼得堡	St. Petersburg	190000	LED
叶卡特琳堡	Yekaterinburg	620000	SVX

5. 意大利部分城市的英文名称、邮政编码和航空代码(表2-19)。

意大利全称意大利共和国(Repubblica Italiana),位于欧洲南部,包括亚平宁半岛及西西里、撒丁等岛屿。北以阿尔卑斯山为屏障与法国、瑞士、奥地利、斯洛文尼亚接壤,东、南、西三面分别临地中海的属海亚得里亚海、爱奥尼亚海和第勒尼安海,海岸线长约7200多公里。全国划分为20个行政区,101个省,8001个市镇,首都是罗马。罗马钱皮诺国际机场(Rome Ciampino Airport,航空代码:CIA)是意大利最主要的机场。

意大利邮政编码称为CAP(Codice di Avviamento Postale),梵蒂冈和圣马力诺也使用意大利的邮政编码系统。意大利的邮政编码由5位数字(可带前缀"I-"或者"IT-")组成,例如:00144(I-00144或IT-00144),其中第1位数字表示邮区,第2位数字表示省份,第3位数字表示本地,第4、5位数字表示投递区域。

意大利部分城市的英文名称、邮政编码和航空代码　　　　表2-19

部分城市	英文名称	邮政编码示例	航空代码
罗马	Rome	00133	ROM
米兰	Milan	21200	MIL
都灵	Turin	10121	TRN
威尼斯	Venice	30176	VCE

6. 荷兰部分城市的英文名称、邮政编码和航空代码(表2-20)

荷兰全称荷兰王国(The Kingdom of the Netherlands),位于欧洲西北部,东邻德国,南接比利时,西、北濒北海,海岸线长1075公里。首都设在阿姆斯特丹,政府所在地为海牙。荷兰王国由本土12个省和海外领地组成,海外领地由圣俄斯塔休斯、萨巴、博纳尔3个海外行政区和阿鲁巴、库拉索、荷属圣马丁3个自治国组成。荷兰电子、化工、水利、造船以及食品加工等领域技术先进,金融服务和保险业发达;陆、海、空交通运输十分便利,是欧洲大陆重要的交通枢纽;农业高度集约化,农产品出口额居世界前列。

荷兰邮政编码为4位数字和2位字母组成,中间有1个空格,例如:1200 AB,其中前2位数字代表地区,后2位数字及2位字母代表街道、门牌号。

荷兰部分城市的英文名称、邮政编码和航空代码　　　　　表2-20

部分城市	英文名称	邮政编码示例	航空代码
阿姆斯特丹	Amsterdam	1000 AA	AMS
鹿特丹	Rotterdam	3011 AA	RTM
埃因霍温	Eindhoven	5611 AA	EIN

7. 瑞士部分城市的英文名称、邮政编码和航空代码(表2-21)

瑞士全称瑞士联邦(Swiss Confederation),是位于中欧的内陆国,与奥地利、列支敦士登、意大利、法国和德国接壤,首都是伯尔尼。瑞士主要城市有苏黎世、日内瓦、巴塞尔、伯尔尼等。瑞士是高度发达的工业国,实行自由经济政策,政府尽量减少干预,对外主张自由贸易。瑞士的行政区划分为三级,即联邦、州、市镇,全国由26个州组成。瑞士交通运输以公路和铁路运输为主,水路航线总长562公里,重要内河港口为巴塞尔;空运主要国际机场有苏黎世机场和日内瓦机场。

瑞士邮政编码为4位数字,例如:2544,按地理位置排列从西向东,顺着铁路和公路划分投递区域。

瑞士部分城市的英文名称、邮政编码和航空代码　　　　　表2-21

部分城市	英文名称	邮政编码示例	航空代码
苏黎世	Zurich	8000	ZRH
日内瓦	Geneve	1200	GVA
巴塞尔	Basel	2532	BSL

(六)北美洲部分主要国家概述

1. 美国部分城市的英文名称、邮政编码和航空代码(表2-22)

美国全称美利坚合众国(The United States of America),全国共分50个州和1个特区

（哥伦比亚特区），位于北美洲中部，首都是华盛顿哥伦比亚特区。北与加拿大接壤，南靠墨西哥湾，西临太平洋，东濒大西洋。美国领土还包括北美洲西北部的阿拉斯加和太平洋中部的夏威夷群岛。美国拥有完整而便捷的交通运输网络，航空运输以运货量而言，全世界前30个最繁忙的货运机场有12个在美国，其中，孟菲斯国际机场（Memphis International Airport，航空代码：MEM，在田纳西州），是联邦快递总部所在地；辛辛那提国际机场（Cincinnati-Northern Kentucky International Airport，航空代码：CVG，在肯塔基州），也是美洲地区重要的快件中转机场。

美国邮政编码（Zip Code）一般写作"ZIP"，最基本的ZIP编号包括5个号码，随后增加了4个号码，使邮件可以更精确地传送到目的地。增加号码后的ZIP编号称为"ZIP + 4"。例如：22162-1010，其中第1、2、3位数字表示分发大区或者处理、分发中心，第4、5位数字表示邮局或者分发区域，第6、7位数字表示小区，第8、9位数字表示区段。

美国部分城市的英文名称、邮政编码和航空代码 表2-22

部分城市	英文名称	邮政编码示例	航空代码
纽约	New York	10000-××××	JFK
辛辛那提	Cincinnati	45201-××××	CVG
孟菲斯	Memphis	37501-××××	MEM
圣弗朗西斯科 （旧金山、三藩市）	San Francisco	94102-××××	SFO
迈阿密	Miami	33101-××××	MIA
洛杉矶	Los Angeles	90001-××××	LAX

2. 加拿大部分城市的英文名称、邮政编码和航空代码（表2-23）

加拿大（Canada）位于北美洲北部，东临大西洋，西濒太平洋，西北部邻美国阿拉斯加州，南接美国本土，北靠北冰洋，首都是渥太华。加拿大最主要的机场是多伦多皮尔逊国际机场（Toronto Pearson International Airport，航空代码：YYZ），该机场同时也是北美洲最繁忙的机场之一。

加拿大邮政编码为3 + 3共6个字符的英文字符及数字混合编号，前三字符和后三字符以空白隔开，其中奇数字符（第一、三、五字符）为A-Z英文字母，偶数字符（第二、四、六字符）为0-9数字。例如：V0T 1H0，其中前三位代表转送大区，后三位代表本地投递小区。

加拿大部分城市的英文名称、邮政编码和航空代码　　　　表 2-23

部分城市	英文名称	邮政编码示例	航空代码
渥太华	Ottawa	J8L××	YOW
多伦多	Toronto	M1B××	YYZ
卡尔加里	Calgary	T1X××	YYC
温哥华	Vancouver	V5K××	YVR
汉密尔顿	Hamilton	L8E××	YHM
蒙特利尔	Montreal	H2A××	YMQ

(七)南美洲部分国家概述

1. 巴西部分城市的英文名称、邮政编码和航空代码(表 2-24)

巴西全称巴西联邦共和国(The Federative Republic of Brazil),位于南美洲东部,北邻法属圭亚那、苏里南、圭亚那、委内瑞拉和哥伦比亚,西界秘鲁、玻利维亚,南接巴拉圭、阿根廷和乌拉圭,东濒大西洋。巴西全国共分 26 个州和 1 个联邦区,州下设市,全国共有5570 个市。主要有圣保罗、里约热内卢、巴西利亚、累西腓和马瑙斯等国际机场。巴西利亚是巴西首都,圣保罗是巴西最大的城市,也是世界著名的国际化大都市;巴西农牧业发达,是多种农产品主要生产国和出口国;工业基础雄厚,门类齐全,石化、矿业、钢铁、汽车工业等较发达,民用支线飞机制造业和生物燃料产业在世界上居于领先水平。

巴西国内邮政编码为 5 位数字,例如:40301。

巴西部分城市的英文名称、邮政编码和航空代码　　　　表 2-24

部分城市	英文名称	邮政编码示例	航空代码
巴西利亚	Brasilia	70000	BSB
圣保罗	Sao Paulo	04103	GRU
里约热内卢	Rio de Janeiro	22441	RIO

2. 阿根廷部分城市的英文名称、邮政编码和航空代码(表 2-25)

阿根廷全称阿根廷共和国(The Republic of Argentina),位于南美洲东南部,东濒大西洋,南与南极洲隔海相望,西邻智利,北与玻利维亚、巴拉圭交界,东北与乌拉圭、巴西接壤。该国划分为 24 个行政单位,由 23 个省和联邦首都(布宜诺斯艾利斯市)组成。阿根廷是交通运输最发达的拉美国家之一,公路、铁路、航空和海运均以首都为中心,向外辐射,形成扇形交通网络,布宜诺斯艾利斯埃塞伊萨(Ezeiza)国际机场是全国最大的航空港。

阿根廷邮政编码为 4 位数字,例如:1636。

阿根廷部分城市的英文名称、邮政编码和航空代码 表 2-25

部分城市	英文名称	邮政编码示例	航空代码
布宜诺斯艾利斯	Buenos Aires	1700	EUE
科尔多瓦	Córdoba	5000	COR
门多萨	Mendoza	5500	MDZ
圣胡安	San juan	5400	UAQ

(八)非洲部分国家概述

1. 埃及部分城市的英文名称、邮政编码和航空代码(表 2-26)

埃及全称阿拉伯埃及共和国(The Arab Republic of Egypt),跨亚、非两大洲,西连利比亚,南接苏丹,东临红海并与巴勒斯坦、以色列接壤,北濒地中海,海岸线长约 2900 公里,全境干燥少雨。全国划分为 27 个省,首都是开罗。埃及属开放型市场经济,拥有相对完整的工业、农业和服务业体系,交通运输便利,近几年海、陆、空运输能力增长较快。开罗国际机场(Cairo International Airport,航空代码:CAI)是连结亚、非、欧的重要国际航空港。埃及暂不使用邮政编码。

埃及部分城市的英文名称、邮政编码和航空代码 表 2-26

部分城市	英文名称	邮政编码示例	航空代码
开罗	Cairo	无	CAI
亚历山大	Alexandria	无	ALY

2. 南非部分城市的英文名称、邮政编码和航空代码(表 2-27)

南非全称南非共和国(The Republic of South Africa),位于非洲大陆最南端,东濒印度洋,西临大西洋,北邻纳米比亚、博茨瓦纳、津巴布韦、莫桑比克和斯威士兰,另有莱索托为南非领土所包围,海岸线长约 3000 公里。全国共划为 9 个省,设有 278 个地方政府,包括 8 个大都市、44 个地区委员会和 226 个地方委员会。南非矿产资源丰富,是世界五大矿产资源国之一;制造业、建筑业、能源业和矿业是南非工业四大部门;南非有完善的交通运输系统,对本国以及邻国的经济发挥着重要作用,以铁路、公路为主,空运发展迅速。

南非邮政编码为 4 位数字,例如:0083,其中第 1、2 位数字表示邮区,第 3、4 位数字表示邮局。

南非部分城市的英文名称、邮政编码和航空代码　　　　表2-27

部分城市	英文名称	邮政编码示例	航空代码
开普敦	Cape Town	7100	CPT
约翰内斯堡	Johannesburg	1400	JNB
德班	Durban	4000	DUR

(九) 大洋洲部分国家概述

1. 澳大利亚部分城市的英文名称、邮政编码和航空代码(表2-28)

澳大利亚全称澳大利亚联邦(The Commonwealth of Australia),位于南太平洋和印度洋之间,由澳大利亚大陆、塔斯马尼亚岛等岛屿和海外领土组成。澳大利亚全国分为6个州和2个地区,首都是堪培拉。澳大利亚对国际贸易依赖较大,主要贸易伙伴依次为中国、美国、日本、韩国、英国、新加坡、印度、新西兰、德国、马来西亚、泰国等。澳大利亚国际海、空运输业发达,悉尼是南太平洋主要交通运输枢纽,悉尼金斯福德·史密斯国际机场(Sydney Kingsford Smith International Airport,航空代码:SYD)和墨尔本国际机场(Melbourne Airport,航空代码:MEL)都是澳大利亚的空中交通枢纽。

澳大利亚邮政编码由4位数字组成,例如:2060,其中第一位数字代表州,后三位以州首府城市中央邮政局为000向外递增数字,离首府城市中央邮政局越远,数字越大。

澳大利亚部分城市的英文名称、邮政编码和航空代码　　　　表2-28

部分城市	英文名称	邮政编码示例	航空代码
悉尼	Sydney	2055	SYD
墨尔本	Melbourne	3002	MEL
布里斯班	Brisbane	4000	BNE

2. 新西兰部分城市的英文名称、邮政编码和航空代码(表2-29)

新西兰(New Zealand),位于太平洋西南部,西隔塔斯曼海与澳大利亚相望,相距1600公里。全国设有11个大区,5个单一辖区,67个地区行政机构(其中包括13个市政厅、53个区议会和查塔姆群岛议会)。主要城市有惠灵顿、奥克兰、克赖斯特彻奇(基督城)、哈密尔顿、达尼丁等,首都是惠灵顿。新西兰的国际机场位于奥克兰、惠灵顿和基督城。

新西兰邮政编码为4位数字,分为三段,例如:6011,其中第1、2位数字表示投递区域,第3位数字表示投递方式,第4位数字表示转送区。

新西兰部分城市的英文名称、邮政编码和航空代码 表 2-29

部分城市	英文名称	邮政编码示例	航空代码
惠灵顿	Wellington	5028	WLG
奥克兰	Auckland	0600	AKL
基督城	Christchurch	8011	CHC

(十) 国际快件分拣注意事项

1. 国际出口快件分拣注意事项

1) 国际出口快件分拣前的复核

为提高国际出口快件报关数据的准确性,保障国际出口快件顺利清关,快件分拣前,快件处理人员应对出口快件的报关单(相关报关资料)、快递运单、快件包装以及使用的包装标识等逐项严格进行复核把关。发现不符合海关通关规定的,应立即联系寄件人更正补办,快件留仓暂存;不能更正补办的,应退回快件收寄网点,所有退回件一律在快件上粘贴改退标识,注明退往何处和退回原因。

对国际出口快件分拣前应重点复核快件运单袋内的快递运单、形式发票及相关的报关单据,同时对每票快件进行复重。复核内容包括快件的品名是否详细,与海关或者相关规定是否相符,申报价值是否违规,快件外包装有无破损、油污、水湿等异常情况,快件内物品是否是禁寄品,快件的重量是否准确。

2) 国际出口快件分拣组织原则

口岸中心的分拣取决于直封总包的建立和发运路由的制定。分拣是否准确,对快件出口起着关键作用,分拣时一定要看清国名、地名,有时往往因一字之差,谬以千里。如澳大利亚(Australia,缩写 AU)与奥地利(Austria,缩写 AT)的书写只差个别字母,但一个在大洋洲,另一个在欧洲,相隔万里,分拣出错将导致快件长时间延误。

国际出口快件分拣组织原则:

(1)凡同寄达国某个口岸中心有直封总包关系的,都应当直封。如果同寄达国多个口岸中心同时有直封关系的,应当按照寄达国划分的中转范围,将快件发往指定的口岸中心。

(2)本口岸中心分拣发现寄往同本中心没有直封总包关系的口岸中心的快件时,应根据发运路由的规定,转发本国其他同寄达国有直封总包关系的口岸中心。

(3)若与寄达国没有直封总包关系的,可采取散寄中转方式,散寄给指定的外国快递企业转发。

2.国际进口快件分拣注意事项

国际进口快件的快递运单上收件人姓名、收件人地址一般用英文书写,在国际快件口岸中心必须将相关信息批译成中文信息,以便后续分拣、中转及派送工作的进行。

1)国际进口快件英文名址的批译

(1)英文名址的批译规则。

正确批译国际进口快件的名址是准确分拣国际进口快件的前提和保证。英文地址书写格式和中文地址书写格式顺序相反,在批译地址时应按照从后向前的顺序进行;在对收件人姓名进行批译时需注意名在前,姓在后;在对路名、街道名、村名等进行批译时,直接音译过来即可,需注意重名情况的区分。

(2)行政级别的批译。

国家:国家在批译时没有统一的翻译标准,每个国家都有特定的英文名称,比如中华人民共和国的英文为 the People's Republic of China,People's Republic of China,P. R. China,P. R. C,China 等,其他一些国家的英文名称在前面已经讲解,此处不再赘述。

省级:省(Province),自治区(Autonomous Region),直辖市(Municipality Directly Under the Central Government, 简称 Municipality),特别行政区(Special Administration Region,简称 SAR)。

地级:地区(Prefecture),自治州(Autonomous Prefecture),市(Municipality),盟(Prefecture)。

县级:县(County),自治县(Autonomous County),县级市(County-Level City),市辖区(District),旗(County)。

乡级:乡(Township),民族乡(Ethnic Township),镇(Town),街道办事处(Subdistrict)。

村:村(Village)。

(3)大专院校的批译。

我国一般大专院校的英文名称主要由三部分组成:地域名 + 专业特色 + 学校性质。如北京(地域名)理工(专业特色)大学(学校性质)。

①地域名可直接按拼音直译。

如:Shandong University 直译为:山东大学

Wuhan University 直译为:武汉大学

②专业特色。

常见的有工商管理专业、生物化学专业、电子商务专业、物流管理专业等(表2-30)。

常见专业中英文对照　　　　　　　　　　　　　　　表2-30

专业中文名称	专业英文名称
社会学	Sociology
心理学	Psychology
哲学	Philosophy
新闻学	Journalism
植物学	Botany
经济学	Economics
工商管理	Business Administration
生物化学	Biochemistry
机械工程	Mechanical Engineering
建筑学	Architecture
电子工程	Electronic Engineering
土木工程	Civil Engineering
化学工程	Chemical Engineering
医学	Medicine
文学	Literature
传播学	Communication
光电信息工程	Photoelectric Information Engineering
生物医学工程	Biomedical Engineering
审计学	Auditing
机械设计制造及其自动化	Mechanical Design and Manufacture & Automatization
工业设计	Industrial Design
环境工程	Environmental Engineering
车辆工程	Vehicle Engineering
会计学	Accounting
统计学	Statistics
国际经济与贸易	International Economy and Trade
财务管理	Financial Management
信息管理与信息系统	Information Management and Information Systems
市场营销	Marketing
人力资源管理	Human Resources Management
电子商务	E-Commerce
物流管理	Logistics Management
电子信息工程	Electronic and Information Engineering
电子信息科学与技术	Electronic Information Science and Technology
集成电路设计与集成系统	IC Design and System Integration

专业中文名称	专业英文名称
计算机科学与技术	Computer Science and Technology
网络工程	Network Engineering
数字媒体技术	Digital Media Technology
软件工程	Software Engineering
电子信息技术	Electronics and Information Technology
电气工程与自动化	Electrical Engineering and Automation
测控技术与仪器	Measurement and Control Technology and Instrument
信息与计算科学	Information and Computing Science
应用物理学	Applied Physics
数学与应用数学	Mathematics and Applied Mathematics
通信工程	Communication Engineering
信息安全	Information Security
编辑出版学	Science of Editing and Publishing
印刷工程	Printing Engineering
包装工程	Packaging Engineering

③学校性质。

主要包括大学、学院、专科性学院等。

大学:University,指综合性大学。

学院:College,表示规模比 University 小的大学或 University 的分院,如:Changzhi Medical College 长治医学院。

专科性学院:Institute,多指专科性学院,如:Huaiyin Institute of Technology 淮阴工学院,Hebei Institute of Physical Education 河北体育学院。

军事、艺术院校:Academy,多指军事、艺术院校,如:Chinese Academy of Science 中国科学院,Cisco Networking Academy 思科网络技术学院。

学校:School,指大学以下的各级学校,如:Beijing No. 4 High School 北京四中。

④常见地址的批译。

×××　大厦/写字楼	×××　Tower/Building
×××　胡同	×××　Alley
×××　路	×××　Road
×××　街	×××　Street
×××　巷/弄	Lane ×××

×××	号楼/栋	Building No. ×××
×××	单元	Unit ×××
×××	室/房	Room ×××
×××	公司/有限公司	××× Corp. /Co. ,Ltd
×××	厂	××× Factory
×××	宾馆/酒店	××× Hotel

⑤公司(企业)各部门的批译。

总公司	Head Office
分公司	Branch Office
营业部	Sales Department
总务部	General Affairs Department
财务部	Finance Department
业务开发部	Business Development Department
企划部	Planning Department
法律部	Legal Department
人力资源部	Human Resource Department
公共关系部	Public Relations Department
国内业务部	Domestic Service Department
国际业务部	Overseas Service Department
销售管理部	Sales Administration Department
采购管理部	Purchasing Administration Department
产品设计部	Product Design Department
生产部	Production Department
材料部	Material Department
设备部	Equipment Department
客户服务部	Customer Service Department

2)国际进口快件英文名址批译的审核

对国际进口快件名址批译进行审核是为了保障后续派送工作的顺利进行,保证国际进口快件的时效性和准确性。

(1)审核的意义。

审核主要是看对国际进口快件名址翻译是否合理,是否正确。审核作为一种管理手段，有着重要的意义：

①确定现行的批译工作是否符合要求；

②对批译中发现的问题及时给予反馈，提高批译的工作质量。

（2）审核的要求。

①审核必须具有客观性和系统性；

②审核必须按照规定的程序和要求进行；

③审核的结果应作为管理评价的重要依据；

④审核时发现的问题应及时纠正，在备注栏进行批注。

（3）审核操作。

由专业人员对快件的英文名址进行检查，检查的重点内容是名址错译、漏译情况。认真仔细核对收件人邮政编码或电话区号，确认收件人地址翻译是否准确。例如河北的"晋州"与辽宁的"锦州"音译均为"Jinzhou"，邮政编码、电话区号分别为"052200""0311"与"121000""0416"。如果翻译中文名址与邮政编码或电话区号不能相对应，则说明错译。

（4）审核处理。

审核结束后，对翻译的正确率作出判定，同时对审核结果出具审核报告，及时反馈英文名址翻译工作中发现的问题，要求相关人员予以纠正。

第三章
总包封发

本章主要介绍了总包封装的原则及注意事项、快件总包堆码、总包装载、车辆调度、交接发运等内容。要求重点掌握总包封装的原则及注意事项、特殊快件总包装载要求、总包装载的原则、发运异常情况处理。

第一节 总包封装

总包封装是指将同一寄达地及其经转范围的快件经过分拣处理后集中在一起,按一定要求封成快件总包的过程。封装作业必须严格操作,所用的封装空袋、封志、包牌等用品应符合规定,并达到封装的规格标准,以使快件实现准确、安全、完整、及时地传递。

一、快件总包封装的原则及注意事项

(一) 总包封装的原则

(1)经过登单工序的快件封装时,应一张清单对应封装一个总包。

(2)要按照重不压轻、大不压小、结实打底、方下圆上、规则形状放下、不规则形状放上的原则装袋。

(3)文件类快件与物品类快件应分别封装总包,文件类封装如图 3-1 所示。

(二) 总包封装的注意事项

(1)对贴有优先或限时标签的快件应单独封装,在总包包袋加挂优先、限时快件标识或使用不同颜色的包袋进行区分,以便做到优先发运,保证时限。

图 3-1 封装文件类总包

（2）对标有易碎、怕压标志的快件应单独封装，分别加挂易碎、怕压标识。

（3）保价快件、代收货款快件应单独封装，加挂单独交接标识，必须在袋牌、封发清单、总包路单上注明内件重量。

（4）装袋、称重和封发总包应由两人（或以上）共同进行，并在清单上共同盖章或签字。

（5）应使用印有企业标识、易识别的专用总包空袋。重复使用的总包空袋应按规定进行检查，及时发现遗留小件、包袋破损、油污、水湿等问题。

（6）锂电池封装。

锂电池交付航空运输，应当确保将装有锂电池的设备装入坚固的外包装中，并在外包装内加以固定，以免发生移动，并且应有效防止设备意外启动。外包装应当由适当的材料制造而成，材料的强度和设计应与包装的容量和用途相符，锂电池封装如图 3-2 所示。锂电池封装具体要求如下：

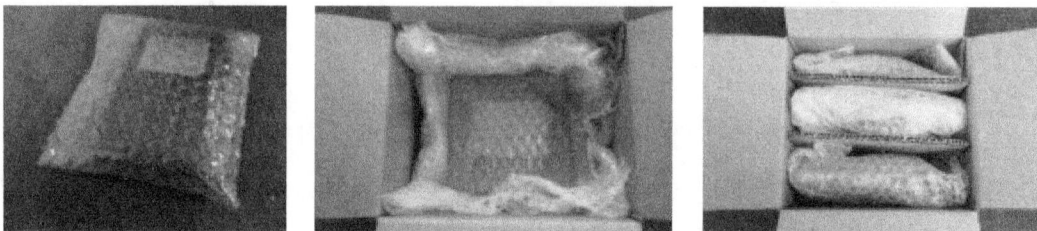

图 3-2 锂电池封装

①有原销售包装的锂电池快件，快件单件不超 2 公斤，若超出需提供《包装 1.2m 跌落测试报告》《锂电池 UN38.3 测试报告》，且重量最大值不允许超 20 公斤；

②无原销售包装的锂电池快件，如手机锂电池、机电一体机、充电宝，均不超过 2 块；

③每一块电池使用绝缘材料单独包装并封口；

④使用气泡膜或珍珠棉防护；

⑤多个锂电池之间需要间隔。

二、快件总包的堆码

完成封装的快件总包及其总包单件和卸载中转的总包,按某些共同特性和码放原则,整齐排列码放到一个指定的位置,这个过程既是总包快件集中码放的过程,又是堆位的形成过程。根据快件分拨中心场地情况,快件总包堆码一般分为两种方式,一种是库房面积较大,在库房内设置总包堆位,用伸缩胶带机装车发运;另一种是库房的面积较小,需将总包堆位设置在拖车上。

(一)库房堆码

库房的大小一般按转运量的大小设置,快件总包堆放方法如下:

(1)各堆位之间应有明显的隔离或标志,留有通道。

(2)快件总包应立式放置,整齐划一,排列成行,高度以一层为宜。

(3)空间不足,多层堆放时,采用耐压大袋垫底,袋口向外一字排开逐层叠上的方式,包牌向上,便于核对路单。

(4)代收货款、到付快件和优先快件应单独码放。遇有码放有特殊要求的总包单件,如贵重物品,应按要求单独交接码放。

(5)库房堆放要有秩序,杜绝任意乱放,每次进库总包要及时处理归堆,并留出通道。堆码要求整齐、牢固,堆位名称标注在显眼、不易遮挡位置。

(二)拖车堆码

拖车的应用比较广泛,特别是快件总包以航空方式发运,要先将总包堆码在拖车上,方便拖运、过地磅称重等,拖车堆码如图3-3所示。

图3-3　拖车堆码

1. 装拖车前的安全检查

检查轮胎气压是否充足;检查牵引杆的转向是否灵活,牵引杆放下后制动装置是否有效。

2. 装载拖车的要求

(1)大包、重包堆在下部,袋身底部向外,包口朝内,底部不超过拖车两边各10厘米。

(2)较小的总包放在中间,压住大包包口,填放在低凹和空隙间。

(3)逐层码放,易碎包放在上层,自下至上逐层变窄,最上层要压住下层包口,码放高度不宜超过护栏。

(4)拖车牵引距离较远时,应罩上网罩,再用绳索扎牢固。

(5)将所装拖车上总包车次、路向,堆名及数字标注清晰。

(6)一辆拖车需要拼装两个或两个以上堆位总包的,堆位之间必须使用绳网分隔,分隔方法有两端分隔(即两个堆位总包从两端护栏杆向中移装,中间必须有绳网将两堆分开)和逐层分隔(即先将后装的总包在拖车上码好后,用绳网隔断再装另堆先装总包,堆码好后分别写明各堆的名称和包数)。

(三) 堆码注意事项

(1)根据不同航班和车次及赶发时限的先后顺序建立堆位。

(2)车次或航班的代码和文字等相近、相似的堆位要相互远离。

(3)总包快件堆码时,不得有扔、摔及其他损坏快件的行为。

(4)码放在托盘或移动工具上的总包快件,应结合工具的载重标准和安全要求码放,但码放高度不宜超过工具的护栏或扶手。

(5)快件总包堆码时要注意保护袋牌和包签不被损坏或污染。

三、快件总包封装的步骤

(一) 制订总包堆码计划

在总包封装时,要制订总包堆码计划,编制总包堆码计划表(表3-1)。

总包堆码计划表

表3-1

序号	工作内容	器材准备	负责人员
1	快件扫描分拣	扫描枪	××××××
2	称重	电子秤	××××××

续上表

序号	工作内容	器材准备	负责人员
3	打印袋牌	打印机、纸张	××××××
4	捆扎总包	包袋、包签、蜡绳	××××××
5	总包堆码	托盘、拖车	××××××

(二)使用条码设备扫描登单

随着现代化技术的广泛应用,手工登单已经非常少见,电子运单(图3-4)得到广泛应用。电子运单需要使用条码扫描设备(图3-5)扫描,扫描登单已经成为常态化操作。

EXPRESS 速运
寄件方信息:
北京 北京市 延庆县 xxxxxxxxxxxxxxxxxxxx xxxxxxxx测试 18600000000
原寄地 010
收件方信息:
新疆 阿勒泰地区 青河县 测试路10000号 廖翔 18666666666
目的地 906
托寄物信息:
货到付款测试 X 1
业务类型

件数	实际重量	计费重量	费用	费用合计
1				

付款方式:寄付月结
月结账号:1234567890
寄方签名:xxxxxxxx测试
收件员:
寄件日期:
附加服务:
代收货款:11.00元
卡号:0000000002
收方签名:
派件员:
派件日期:
备注栏:PPCOD1020534674
顺丰速运 4008111111
运单号码:966805146961
寄件方信息:
北京 北京市 延庆县
xxxxxxxxxxxxxxxxxxxx xxxxxxxx测试
18600000000
托寄物信息:
货到付款测试 X 1
收件方信息:
新疆 阿勒泰地区 青河县 测试路10000号 廖翔
18666666666
费用合计:
付款方式:
寄付月结

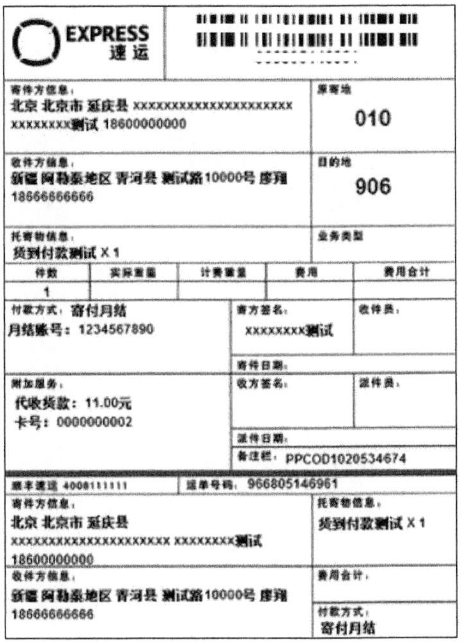

图3-4 电子运单

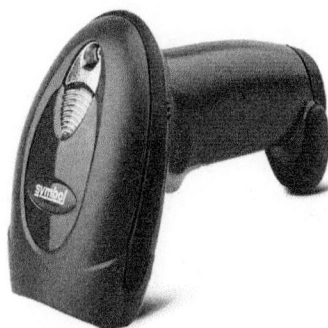

图3-5 扫描枪

(三)总包包牌制作

快件总包包牌包含与总包内快件相关的关键内容,如表3-2所示。

快件总包包牌制作表 表3-2

总包名称	总包内容	数量	运输方式	目的地
××××××	工艺品	20	标准快运	长沙
………	………	………	………	………

(四)建包

建包过程中要戴好防护工具,保护人身安全,不能出现"鹅颈袋"和暴力操作。

(五)总包堆码

堆码要整齐,选择合适的方式进行堆码,堆码的形式要符合装车要求,如图 3-6 所示。

图 3-6 总包堆码

第二节 总包装载与交接发运

一、总包装载的基本原则

1.安全原则

快件装运的安全原则包括两方面的内容:确保快件处理员的人身安全和确保快件的安全,安全原则是快件装运的基本原则。快件装运时,快件处理员必须按要求使用和佩戴有关的装备及劳动保护物品,不能因嫌麻烦而忽略操作要点,切实做好自我保护工作;在操作过程中轻拿轻放,不能拖拽、滚动、投掷、踩踏快件,严禁野蛮装运快件。

2.轻重搭配原则

快件装运时,注意轻重搭配,保持车辆重心稳定,并将重件置于底部,轻件置于上部,避免重件压坏轻件,同时保证快件码放稳定,如图 3-7 所示。

图 3-7 总包装车

3.小件集结原则

对于零散小件必须集装在企业统一规定使用的快件袋、快件筐内再装车,如图 3-8 所示。装袋时注意快件外包装上粘贴的标识,按标识进行正确操作。如不能倒置的快件按正确方向放置,易碎不能挤压的快件放在快件袋或快件筐的上层。集装时快件的运单及标识一律朝上。

图 3-8 小件集结

4.合理码放原则

可根据车厢的尺寸、容积,快件的尺寸、特性来合理确定码放的方法。快件不能装满车厢时,按阶梯形进行码放,避免派送运输途中因车辆颠簸引起倒堆,造成快件挤压损毁。

5.严禁超载原则

装运快件时不允许超长、超宽、超高、超重。超载不仅造成交通安全隐患,还违反交通法规,有可能引起交通部门的查扣和罚款,影响快件的时限,提高快件的成本。

6.易滚动快件垂直摆放原则

装运易滚动的卷状、桶状快件时要垂直摆放,以防快件途中倒堆造成快件自损或压损、砸坏其他快件的情况。

7.适当衬垫原则

装运易碎快件或纤维类易被玷污的快件时要进行适当衬垫,防止快件之间相互碰撞和污损。

8.重量分布均匀原则

装运快件时,重量应分布均匀,重心不能偏移,同时加以稳固,以确保快件安全和交通安全。

二、总包装载的要求

(一)一般快件总包装载要求

(1)装车工作应该由两个人或两个人以上协同作业。

(2)满载时(要按载重标志)要从里面逐层码高后向外堆码,结实打底,较小的总包放在中间压住大袋袋口,填放在低凹和空隙处。

(3)数量不到满载的,车厢里层最高,层次逐渐外移降低,这样可防止车辆启动、制动过程堆位倒塌造成混堆,导致卸错或漏卸。

(4)数量半载的,里层高度可稍低,比照上条所述堆码,不可以只装半箱,造成前端或后端偏重。

(5)严禁将快件均码在车厢的左侧或右侧,造成侧重,不利于行车安全。

(6)装卸具有两个以上装卸点的汽车,要按照"先出后进""先远后近"的原则装载总包,堆位之间应袋底相对,也可用隔离网分隔。分隔方法有两端分隔和逐层分隔。

(二)特殊快件总包装载要求

1.易碎品总包装载要求

(1)外包装要坚实可靠。

外包装是快件运送环节中的第一受力物,所以必须厚实坚硬。装卸堆码时,箱装以井字形为宜,篓装以品字形上下错开装载为宜。

（2）有效填充减震物。

空隙填充物必须是发泡、泡沫、气泡垫等材料，有效起到缓冲、减震作用。

（3）大件易碎品。

大件易碎品，如瓷器，全面包裹后，建议用木架或木箱托运。而且木架或木箱一定要上下左右全面打结实，塞紧填充物后，不能留任何缝隙。

（4）粘贴易碎贴。

包装完成后，在包装物的外面显著位置处，贴上易碎品标记，填单注明，并明确向收货人员告知注意事项。

易碎品总包装车时，箱体必须要放平放稳，次序卡紧，不要歪倒放置，以防晃动。

2. 锂电池总包装载要求

（1）外包装应能够防水，或通过使用内衬（如塑料袋）达到防水要求，或设备本身的构造特点具备防水特性。

（2）锂电池应使用托盘装载，避免搬运过程受到强烈振动，托盘的各垂直和水平边使用护角保护，如图3-9所示。

图3-9　锂电池打托

（3）包装在容器中的电池或电池组，应该采取保护措施，防止电池或电池组因在容器中的移动或位置变化而造成损坏。

（4）与设备包装在一起的电池或电池组，电池或电池组要完全被包裹。

（5）装在设备中的电池或电池组，应该有防止在运输过程中意外启动的措施，同时还要防止电池或电池组短路。

（6）当设备中含有锂电池或锂电池与设备包装在一起时，包装上应标记"与设备放在一起的锂金属电池 UN3091 或锂离子 UN3481"。如果一个包装中同时含有锂离子电池和锂金属电池,则该包装应按照两种电池类型的要求同时进行标记。

(7)锂离子电池组、装在设备中或同设备包装在一起的锂离子电池组,都必须在容器外标明瓦特-小时比率。

(8)锂电产品不适用限量包装,也不适用可免除量包装。

限量包装就是危险货物采用有限数量包装,指运输某一危险货物时,用许多小桶、小瓶替代大包件,然后将这些小包件置于结实的外包装内,并在外包装内添加吸收剂材料,降低潜在危害或危险性。限量包装如图3-10所示。

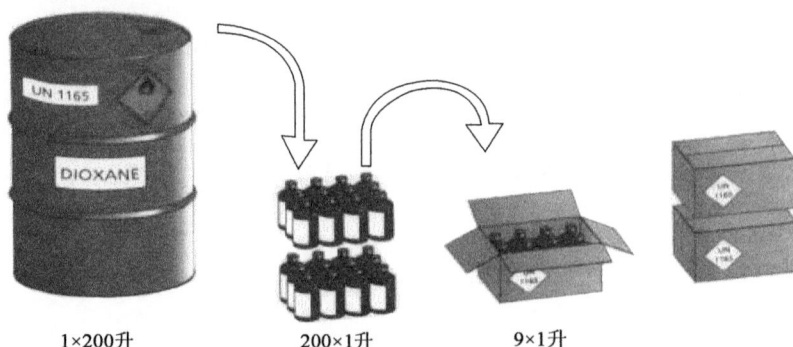

1×200升　　　　200×1升　　　　9×1升

图3-10　限量包装示意图

可免除量包装是指危险货物可按照《国际海运危险货物规则》第3.5章的规定免除部分要求进行运输的最大量。

(9)包件必须张贴锂电池专属的标记或标志。根据锂电池或锂电池组包件满足条件,分别使用"矩形标记"或9类危险货物的"菱形标志"。

(10)货机运输。锂电池快件仅限全货机运输,锂电池空运信息出现在机长通知单上。

三、装载调度

(一)车辆调度的基本原则

1.保证快件时限

快递企业的核心竞争力体现在快件的寄递时限上,在进行车辆调度时,一定选择能够节省运输时间、快速运输快件的车辆调度方案。

2.统一领导和内外协作相结合

快件的收寄、运输、中转、处理派送各环节均影响快件的寄递时限,需要整个快件寄递过程统一领导、内外协作,提高整个快件寄递流程的效率。

3.保证安全

车辆调度必须确保快件安全,针对不同类型的快件,不同运力、不同类型的车辆统筹安排,确保车辆、人员及快件安全。

4.综合利用运输工具

根据不同的需要和实际情况,有计划地使用各种运输工具。

5.节约成本

节约成本是指在保证安全和寄递时限的前提下,力求投入最少的人力物力。

(二)车辆调度的方法

1.经验调度法

调度人员凭自己的经验和技巧安排车辆运行,并处理运行中发生的问题。

2.专车运行调度法

派专车专人进行运输,保证安全和时限。

3.图上作业法

图上作业法是将运输任务反映在交通图上,通过对交通图初始调运方案进行调整,求出最优车辆运行调度方法。

4.智能调度法

智能调度法分全球定位系统(GPS)定位跟踪调度法和地理信息系统(GIS)查询调度法。

四、交接发运

(一)出站快件的交接

针对汽车、航空以及铁路等运输方式的不同,快件的交接有不同的要求,要同时遵循当面交接、交接双方签字确认等快件交接的原则。

(二)出站快件的发运

快件发运,是在快递企业的统一组织、调度和指挥下,按照运输计划,根据各种运输单据,将快件快速、安全地运达目的地的过程。对于发运异常情况,应按规定处理。

1. 地址不详

运输到达中转或目的处理中心后,遇有总包快件袋牌脱落而无法辨别接收地名的,应拆袋,根据内件实物或清单信息确定目的处理中心后重新封装。同时,应在总路单和相关交接清单上批注相关情况,由收件处理中心向相关发运部门发送差异报告。

2. 数量不符

运输到达中转或目的处理中心后,如发现总包数量与交接清单数量不符,应在规定时限内向发运部门缮发差异报告,说明多出、短少数目。同时,在相关交接清单上批注多出、短少数目。

3. 破损及油污

对破损、水湿、油污等总包快件应单独堆放,需要及时处理的按照相关规定进行处理。无条件或不影响其他快件的可不进行处理,到站后再做处理,但应在交接清单上注明。有危害或严重影响其他快件安全的可选择邻近站点卸车,将情况明确批注在交接清单上,并向发车处理中心及时报告。

4. 装卸不及时

如遇快件不能装卸完毕的情况,要正确处理。未能完全装车,要及时向发运中心报告,未能完全卸车要向发运中心和接收中心及时报告。

五、总包发运的操作步骤

(一)进行总包堆码

首先将封装好的快件,根据其目的地进行分类堆码,相同的总包集中堆放在一起,易碎的、特殊的快件单独码放。

(二)安排装车顺序

完成堆码后,进行装车作业。装车的顺序按照"先远后近""先重后轻""先规则后不规则"的原则,装车过程中注意总包安全。

(三)建立车辆封志

总包装载结束后,由车辆的押运人员或驾驶员将车门关闭。将车辆封志加封在车门指定位置。车辆押运人员或驾驶员监督车辆施封全过程。

(四)签字确认

完成施封后,将施封的条码号登记在出站快件的交接单上。车辆押运人员或驾驶员和场地负责人等在交接单上签字确认。

第四章

快递信息管理

本章主要介绍了快递信息、快递信息技术、国际快件的信息采集及审核、国际快件的信息汇总比对、单据管理基础知识、快递企业面临的安全隐患、信息安全管理的内容等知识，要求重点掌握国际快件的信息采集及审核、国际快件的信息汇总比对、单据管理基础知识、信息安全管理的内容及信息安全隐患防范策略等。

第一节　信息采集及处理

一、快递信息

(一) 快递信息的概念

快递信息是指快递系统内部以及快递系统与外界相联系的各种信息，是快递活动的反映，同时也是组织快递活动的依据。快递服务数据处理活动主要围绕快递服务的业务功能开展，包括：用户的注册、寄件、收件、快件信息查询等；提供者的揽件、中转、清关、派送等。

快递信息是快递活动中各个环节生成的信息，一般指随着快件收寄到派送的整个过程而产生的信息流，与快递过程中的快件收寄、快件分拣、快件运输、快件派送等各种职能有机地结合在一起，是整个快递活动顺利进行所不可缺少的。快递活动涉及作业环节多，作业量大，因此快递作业必须是有计划的作业，整个复杂的作业流程必须通过精确的信息来控制。一套先进适用的信息管理系统不但可以极大地提高快递作业效率，还有助于减少作业环节和提升快递作业速度，从而最终实现高质量、低成本的快递服务目标。

快递信息是贯穿快件整个生命周期各种数据的动态表现，在保证各种物品及时送达、促进消费潜力释放方面发挥着重要作用。快递信息反映快递业对经济增长的拉动作用,与国民经济联系密切。同时,因为快递业务链条较长,快递业务涉及多个线上线下相结合的复杂业务场景,影响快递行业信息安全的因素多、风险管控复杂。快递企业应严守信息安全底线,制定实施信息安全监管的措施,堵塞管理漏洞,严厉打击非法泄露、贩售用户寄递服务信息等各类违法犯罪行为,维护用户个人信息安全。

(二)快递信息的分类

1. 按快递功能分类

按快递功能划分,快递信息可分为计划信息、控制及作业信息、统计信息等。此外,快递业务以外但对快递业务产生影响的其他信息也属于快递信息的范畴。

1)计划信息

计划信息是指对未来快递作业或管理进行规划的信息。快递企业按照企业实际情况、客户需求,为了向客户提供低成本、高质量的快递服务,在制订快递管理或作业计划时需要收集计划信息。计划信息对制订准确实用的快递管理或作业计划起着决定性作用。

2)控制及作业信息

控制及作业信息是指在快递作业过程中产生的信息,例如:正在收件或派件的作业情况、客户及业务员情况等。

3)统计信息

统计信息是指在快递作业结束后,对其作业结果分门别类地进行统计得到的信息。例如:每月的收件量统计,每月不同客户的派件量统计,每年不同快递作业的收入、利润统计等。

4)支持信息

支持信息是指快递业务以外,但对快递业务能够产生影响的信息,例如:快递行业人才需求情况、国家的相关政策法规等。

2. 按快递信息来源分类

1)快递系统内信息

快递系统内信息是指伴随着快递业务活动而产生的信息。

2)快递系统外信息

快递系统外信息是指快递活动以外但与快递作业有紧密联系的信息,例如:商流信息、资金流信息等。

3. 按管理层次分类

1)操作管理信息

操作管理信息是由操作管理层产生的信息,例如:作业票数、客户名称、作业人员情况等信息。

2)知识管理信息

知识管理信息一般指行业经验、行业知识和技术等。

3)战术管理信息

战术管理信息指的是部门级中短期的规划管理信息,例如:月度业务量、单位业务量成本等。

4)战略管理信息

战略管理信息主要是企业高层决策信息,例如:经营策略的选择等。

4. 按数据范围分类

1)用户数据

快递企业在提供服务过程中收集和产生的个人用户数据和企业用户数据,如收寄件人姓名、地址、联系电话、企业账号信息、企业通信信息等。

2)业务数据

快递企业在服务过程中处理的各类业务经营相关的数据,如寄递物品及费用数据、配送数据、签收数据、营业场所数据、财务数据、营销运营数据等。

(三)快递信息的特点

1. 可获得性

快递信息能保证大量分散、动态的信息在需要时快速获得,并且以数字化的形式表现出来。

2. 及时性

快递信息需及时提供并快速反馈,快递企业、快递客户可及时获取快件流转过程中的各种信息。同时,及时的信息可以减少不确定性,增加决策的客观性和准确性。

3. 实用性

快递信息的表示要明确、容易理解和方便应用,针对不同的需求和应用要有不同的表示方式。

4.集成性

快递信息的基本特点是信息量大,每个环节都需要信息输入,并产生新的信息进入下一环节。所涉及的信息需要集成,并使其产生互动,实现资源共享、减少重复操作、减少差错,从而使得信息更加准确和全面。

5.适应性

适应性包含两个方面的内容,一是指适应不同的使用环境、对象和方法;二是指能够描述突发或非正常情况的事件,如运输途中的事故、货损,快件更址、撤回、退件等。

6.准确性

不准确的信息会带来快件的延误、毁损,并且会造成企业信誉下跌,还会导致决策的失误,所以快递信息的准确性非常关键。

(四)快递信息的作用

1.协调快递活动

快递活动是一个多环节的复杂系统,快递系统中的各个子系统通过快件运动联系在一起,一个子系统的输出就是另一个子系统的输入。合理组织快递活动,就是使各个环节相互协调,根据总目标的需要适时、适量地调度系统内基本资源。快递系统基本资源的调度通过信息传递来实现,因此组织快递活动必须以信息为基础,为了使快递活动正常有规律地进行,必须保证快递信息畅通。

2.支持快递活动

快递信息对整个快递活动起支持作用。越是高水平的快递活动对快递信息依赖性越大,企业只有全面准确掌握各种快递信息,才能充分利用快递设备,保障快递活动畅通,将客户的快件按要求的时间送到合适的地点,提高快递活动的效率和质量。

3.提供决策支持

快递信息为企业决策提供了依据,只有通过对快递信息的正确判断和分析,才能做出正确的决策。具体表现为快递信息经分析、处理形成决策,决策执行的结果又成为新的快递信息,如此反复循环。

二、快递信息技术

目前,快递行业已成为世界经济中增长最快的行业之一。2022年中国邮政行业寄递业务量完成 1391 亿件,同比增长 2.7%。其中,快递业务量完成 1105.8 亿件,同比增长 2.1%。我国经济规模的增长、快递政策的开放、电子商务的逐渐深入,都给快递行业的高速发展带来了前所未有的机遇,同时也对快递企业提出了更高要求。人们对信息重视程度的提高,要求信息流与实物流实现在线或离线的高度集成,使得信息技术和现代化的快递装备逐渐成为快递技术的核心。因此,快递企业整体业务水平和运营实力的提升,首先反映在快递信息技术的优化和革新上。

快递信息技术是指运用于快递各环节中的信息技术。根据快递的功能和特点,目前应用在快递行业的信息技术包括:计算机技术、通信网络技术、信息分类编码技术、条码技术、射频识别技术(RFID)、电子数据交换技术(EDI)、全球定位系统(GPS)、地理信息系统(GIS)等。

快递信息技术是快递现代化的重要标志,也是快递技术中发展最快的领域,从采集数据的条形码系统,到办公自动化系统中的计算机、互联网,各种终端设备等硬件以及计算机软件都在日新月异地发展。同时,随着快递信息技术的不断发展,产生了一系列新的快递理念和新的快递经营方式,推进了快递行业的变革。成功的快递企业都非常重视信息技术的应用和推广,借助信息技术支持企业经营战略,以求在激烈的竞争中立于不败之地。

(一) 条形码技术

条形码技术是在计算机应用中产生和发展起来的一种自动识别技术,这种技术是为实现对信息的自动扫描而设计的,是快速、准确且可靠的数据采集手段。条形码技术的应用解决了数据输入和数据采集的"瓶颈"问题。多年来,以条形码技术为代表的自动识别技术,很快便渗透到计算机管理的一些领域。条形码技术已从商业零售领域向运输、快递、电子商务和产品追溯等多领域拓展,并带动了条码产业的产生和发展。

1. 条形码的概念

条形码是由宽度不同、反射率不同的条和空,按照一定的编码规则编制而成,用以表达一组数字或字母符号信息的图形标识符。这些条和空可以有各种不同的组合方法,从而构成不同的图形符号,也称码制,适用于不同的场合。条码技术在快递中的使用,使快件从收寄、运输、分拣、派送等各个环节都可以使用条码进行管理,解决了快递信息录入和采集的瓶颈问题,为快递企业的发展提供了有力的技术支持。

2. 条形码的分类

条形码根据其信息密度和所承载信息量的不同可分为一维条码和二维条码。

（1）一维条码。

普通的一维条码（图4-1）自问世以来，迅速普及并得到广泛应用。但由于一维条码的信息容量很小，如普通运单上的条码仅能容十几位的阿拉伯数字，更多描述快件的信息只能依赖数据库的支持。

（2）二维条码。

与一维条码相比，二维条码（图4-2）具有信息容量大、可靠性高、纠错能力强、印制要求不高等优点。目前，二维条码在快递企业中已经广泛使用。

| 图4-1 国内运单中常见的一维条码 | 图4-2 运单中常见的二维条码 |

3.条形码技术在快递企业的应用

（1）快件信息管理。

条码技术的应用避免了手工书写快件信息的情况，大大提高了工作效率。同时解决了快件信息滞后和信息不准确的问题，提高了客户服务质量。

（2）业务人员管理。

每个班次开工时，业务员可以通过条形码数据采集器扫描员工卡上的条码，把考勤数据记录到数据采集器，然后输入到计算机系统。

（二）射频识别技术（RFID）

1.RFID的概念

射频识别技术（Radio Frequency Identification，RFID）与条形码技术一样，都属于非接触式自动识别技术。射频识别技术是利用无线电波对记录媒体进行读写，因此不局限于视线，识别距离比光学系统远，可达几厘米至几米，甚至十几米。

与条形码技术相比，射频识别技术具有明显的优势。RFID读取设备利用无线电波，可以识别高速运动的物体并可同时读取多个标签信息，也就是说一辆满载各种快件的卡车直接从装有射频阅读器的检测点驶过时，其装载的所有快件的所有标签信息就可以同时被读取，而条码依靠手工读取方式，需要一个一个地扫描，效率低下；RFID属于电子产品,能适应条件苛刻的环境,且保密性好,而条码属于易碎标签,容易褪色、被撕毁;RFID标签内部嵌有存储设备,可以输入数千字节的信息,这是条码不能比的;最关键的是,条码永远是一次性的,不可改变,而RFID可以进行任意修改,因此特别适用于要求频繁改变信息内容的场合。

2. RFID技术在快递行业的应用

目前,在世界上已经有很多国家和公司开展过与快递相关的RFID系统的建设。DHL公司早在1998年就开始了RFID试验,迄今已进行了20余次试验,成功证实了RFID系统能够提高快递服务和降低成本。沙特国家邮政总局计划在全国各地安装数百万个RFID邮箱,以此来改善国内邮递服务。TNT公司近年投入大量资金整合RFID设备与TNT现有系统,实现了在各个转运中心关键点上对快件的全面控制。美国邮政总局应用RFID管理机动车辆,利用RFID机动车辆管理系统(PIVMS)实现对叉车及其他机动车辆的维修、管理工作,能协助维修保养车辆、车辆物品识别与追踪。澳大利亚邮政中心通过400多台读卡器和大约12500个射频标签对国内、国际信函、物品进行分拣控制和寄递追踪。

近年来,我国快递行业也开始了对RFID技术的试验应用。2005年初,上海邮政速递在总包处理中应用RFID解决快递总包信息的自动点数和勾挑核对。2006年底,快递企业在科技部863项目"RFID技术和应用"的支持下进行了京沪穗快递总包处理的应用试验。2008年2月,北京邮政速递局航空件交换站启动了RFID生产实测工程,实现了京沪穗三地国内速递本局进出口总包快件RFID袋牌的自动识读、点数和交接,同时实现了RFID总包数据在两子系统内的"机内勾核"。2017年,申通快递全面使用内置RFID芯片的快递包装袋。2019年,中国邮政速递物流成为快递行业首家采用自研的"第三代RFID面单"技术的快递企业,极大地缩短了操作时间,提高了收寄处理的效率和准确性。2021年,中国超高频RFID市场中快递包裹的应用占比为3%(图4-3),未来还有进一步提高的空间。2022年,京东物流已在大件供应链中全面应用自研RFID电子标签,并为上游供应商提供一体化供应链服务,从工厂成品仓、供应链物流、前置仓,到终端配送和逆向服务等全程应用RFID电子标签。

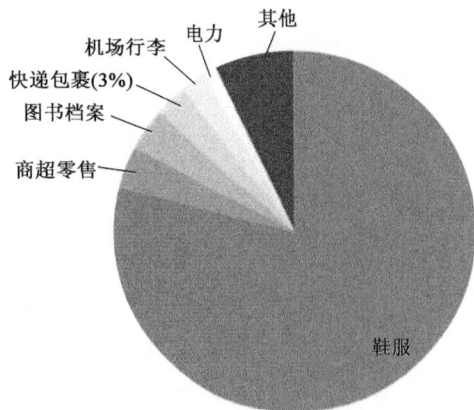

图4-3 2021年RFID市场各细分领域应用占比

【案例4-1】

RFID 技术在快递物流上的应用

国内某快递物流公司可以实现同城当日达,在各大城市甚至村镇能做到次日达。其高效运作的背后,RFID 系统发挥了很大的作用。

该快递物流公司可以快速响应,保证配送物流时效的原因,就是在其配送运输过程中融入了 RFID 技术。使用 RFID 技术对货物的出入库状态进行实时追踪,并且将 RFID 技术不断深化,渗透到物流的各大细分环节中,进一步挖掘出 RFID 应用的潜在价值。

1. 优化仓库日常管理

在仓库的日常管理中,货物管理员可以使用 RFID 技术实现对货物的实时追踪,包括货物的来源、去向、库存数量等信息都能即时收集,大大提升了库存的供应效率和货物的周转效率。

2. 提升仓内作业效率

该快递物流公司配送的商品中有很多冰箱、彩电等大件商品,不仅体积大、重量大,而且包装规格也很多样,在出入库的时候耗时耗力,对于仓储运输来说有很大的挑战性。借助 RFID 射频识别技术,采用 RFID 电子标签替换原有的商品条码,使用 RFID 读写器批量进行标签信息的读取。利用手持 RFID 读写器可以使盘点效率提升至传统作业方式的10倍以上,帮助工作人员告别了一件一件盘点的重体力、重复性劳动。

3. 自动追踪运输路线

RFID 技术还能实现商品的防伪,RFID 可实现一物一码识别身份,对货物进行真伪识别,避免退货产品货不对版及数据更新不及时等问题。同时,RFID 的应用还可以自动获取数据、自动分拣处理,降低取货、送货成本,提高整体仓储的精细化运营水平。

4. 助力供应链稳定性提升

RFID 技术的好处不仅这些,运用 RFID 技术可以让京东物流更充分发掘 RFID 的应用场景,全方位提高供应链的稳定性。

将 RFID 系统接入供应链管理之中,可以帮助企业对库存信息、运输货物的追踪,企业可以根据这些信息合理安排库存,还可以在大促时对用户的需求进行一定的预测。

(三)全球定位系统(GPS)

1. GPS 的概念

全球定位系统(Global Positioning System,GPS)是结合了卫星及无线技术的导航系统,具备全天候、全球覆盖、高精度、应用广的特点,能够为全球范围内的各类目标提供实时的三维定位。GPS是美国从20世纪70年代开始研制的,历时20年,耗资200亿美元,于1994年全面建成。GPS最初广泛应用于大地测量、工程测量、资源勘探、运载工具导航等多个领域。随着全球计算机和网络技术的普及,GPS的应用领域正在不断扩大,目前已应用到国民经济各部门,特别是在快递、物流系统中的应用获得成功。

GPS系统利用无线电传输来定位,和过去地面无线导航系统所不同的是,它是由卫星来发射定时信号、卫星位置和健康状况信息,故具有发射信号覆盖全球和定位精度高的优点。GPS系统主要由GPS卫星(空间部分)、地面支撑系统(地面监控部分)、GPS接收机(用户部分)三大部分组成。

2. GPS在快递中的作用

(1)GPS车辆监控系统可以提高企业信息化程度,优化管理运作机制,提高管理效率,优化企业资源配置。

(2)降低企业成本,提高服务水平。

(3)GPS车辆监控系统使管理更科学、更合理、更透明、更轻松高效。

(4)提升企业形象,提高企业市场竞争力。

(5)GPS车辆监控系统为现代快递管理提供了强大有效的工具,是现代化快递发展的必然趋势。

(四)地理信息系统(GIS)

1. GIS的概念

地理信息系统(Geographical Information System,GIS)是20世纪60年代中期发展起来的一门综合应用系统,它以地理空间数据为基础,采用地理模型分析方法,实时提供多种空间、动态的地理信息,是一种为地理研究和地理决策服务的计算机技术系统。

2. GIS在快递行业的应用

GIS主要是利用GIS强大的地理数据功能来完善物流分析技术。企业已经开发出利用GIS为物流分析提供专门分析的工具软件。完整的GIS物流分析软件集成了车辆路线模型、最短路径模型、网络快递模型、分配集合模型和设施定位模型等。

(1)车辆路线模型。

用于解决在一个起始点、多个终点的货物运输中如何降低作业费用,并保证服务质量问题,包括决定使用多少辆车、每辆车的路线等。

（2）网络快递模型。

用于解决寻求最有效的运输路径问题,也就是快递网点布局问题。这种模型以地理实体为组织主线,除了具有管理快递网点位置的功能外,还具有空间查询与分析功能,在快递网点选址过程中能很好实现规划者与计算机的动态交互,使选址结果更符合实际所需。同时,以图的形式显示包含区域地理要素背景下的整个快递网络(如现存快递网点、道路、客户等要素),能够直观方便地确定位置或线路。

（3）分配集合模型。

可以根据各个要素的相似点把同一层上的所有或部分要素分为几个组,用以解决确定服务范围和销售市场范围等问题。

（4）设施定位模型。

用于确定一个或多个设施的位置。在快递系统中,营业网点和派送路线共同组成了快递网络,网点处于网络的结点上,结点决定着线路。如何根据供求的实际需要并结合经济效益原则,在既定区域内设立多少个网点,以及每个网点的位置、规模,运用此模型均能很容易得到解答。

三、国际快件的信息采集及审核

（一）信息采集

国际快件信息采集的对象主要包括形式发票、商业发票、装箱单等资料。其中,形式发票采集的信息包括收件人信息、运单信息、商品名称、数量、单价、原产地、出口理由、签字及盖章等内容;商业发票采集的信息主要包含买卖双方名称、发票号码及日期、信用证号码及日期、合同号码及日期、运输工具、商品描述详细信息、签字及盖章等内容;装箱单采集的信息主要包含出单方、收单方、发票号及日期、运输标志、包装种类和件数、商品描述、快件毛重、快件净重等相关信息。

（二）信息审核

信息审核主要包含两方面内容:

1. 相关单证是否齐全

出口正式报关根据贸易方式的不同,应提供的相关单证也有所不同,主要有:

（1）一般贸易需客户提供的报关资料。

主要包括合同(加盖企业公章)、商业发票(加盖企业公章)、装箱单(加盖企业公章）、代理报关委托书（加盖企业公章）、出境货物通关单或"换证凭条"（涉及法检的货物需提供）、出口报关单等相关单证。

（2）进料/来料加工需客户提供的报关资料。

主要包括进/来料加工贸易手册（或电子账册复印件加盖企业公章）、商业发票（加盖企业公章）、装箱单（加盖企业公章）、代理报关委托书（加盖企业公章）、出境货物通关单或"换证凭条"（涉及法检的货物需提供）、出口报关单（来料加工、进料加工专用）等相关单证。

（3）临时进出口贸易（押宝退运）需客户提供的报关资料。

主要包括合同（加盖企业公章）、商业发票（加盖企业公章）、装箱单（加盖企业公章）、代理报关委托书（加盖企业公章）、出境货物通关单或"换证凭条"（涉及法检的货物需提供）等相关单证。

2. 快递运单信息是否完整

主要包含：审核收发件人信息、寄递物品中英文品名（包括品牌、型号、名称）、关税的付费方式、保险快件保险金额、申报价值；审核快件物品报价是否有明显低报情况，若发现明显低报情况，应立即与寄件人沟通、明确，由寄件人通过发邮件或其他即时通信方式，确认后更改；审核寄递物品是否属于（疑似）禁限寄物品、航空危险品。

为提高国际快件报关数据的准确性，保障国际快件顺利清关，快件分拣前，快件处理员应对快件的报关单（相关报关资料）、快递运单、快件包装以及使用的包装标识等逐项、严格进行审核把关，发现不符合海关通关规定的，应立即联系寄件人更正补办，快件留仓暂存；不能更正补办的，应退回快件收寄网点，所有退回件一律在快件上粘贴改退标识，注明退往何处和退回原因。

四、国际快件的信息汇总比对

国际快件相比于国内快件，因为要进出国境，故而手续更加烦琐，国际快件信息的比对审核具有更重要的意义。在操作过程中，每个交接环节都应认真进行信息汇总比对。

（一）出口快件信息汇总比对

经营国际快件的企业，收件员应配备无线信息采集设备。在客户发件时，收件员现场采集运单号码、目的地代码、件数等生成收件信息，数据采集是快件信息汇总比对的基础信息。

（1）国际快件到达分拣场地，由分拣人员运用条码扫描设备，逐票扫描快件号码，生成到达信息。扫描结束，调出信息系统比对模块，将快件到达分拣场地的信息与收件员采集的信息进行比对。

（2）快件票数、件数信息相符,比对结果正常;信息不相符为异常情况。

导致信息不相符的原因包括:收件员遗失快件、收件员漏交快件、客户临时撤回快件等。针对不同原因,采取相应的处理方法:

①确认快件遗失则尽量反复查找,并通知组长跟进,做好详细情况记录,分析问题出现在哪个环节,查找无果,进入遗失赔偿程序。

②确认漏交快件,抓紧时间补交,并总结经验保证以后不重复犯错。

③确认客户撤回快件,应及时跟进,询问撤回原因,尽量使客户达成发件意愿。

（3）国际快件进入分拣场地,一般有两个程序同时进行。一是快件实物操作,二是快件单据操作。快件单据所载详细信息由专人录入信息系统中,并应形成单据影像信息保存。根据单据信息,系统预设定快件转运路向,为封发环节提供比对数据。

（4）同一批次快件封发工作结束,调出信息系统比对模块,进行件数与路向的比对。快件到达分拣场地的总件数应与封发总件数相等。每一个转运路向的快件总件数,应与系统录入单据信息预计件数相等;信息不相符为异常情况。

信息不符有两种情况:第一种情况是快件到达分拣场地的总件数与封发总件数不相等;第二种情况是快件到达分拣场地的总件数与封发总件数相等,但几个转运路向的快件总件数,与系统录入单据信息预计件数不相等。针对不同情况,采取相应的处理方法:

①快件到达分拣场地的总件数比封发总件数多,则有快件未做封发,需要重新检查场地及周边环境,有无漏发快件;或将快件重新扫描处理,检查有无漏扫快件。

②快件到达分拣场地总件数与封发总件数相等,几个转运路向的快件总件数,与系统录入单据信息预计件数不相等,说明有快件信息录入错误,或快件分拣出错,路向错误。需要查找出具体快件编号,重新审核原始数据,按正确数据重新封发;另外也要查明是否有问题件或单据不完整、无法报关出口的快件。

（5）同一批次快件比对工作完成,封装成快件总包。调出信息系统中路单汇总模块,汇总总包件数与实际封发总包比对,信息相符,比对结果正常;信息不相符为异常情况,应分别检查各路向总包数量,查明是否有漏发总包。

（6）经过清关后的国际快件,发运前要进行到站与出站的快件总数比对,检查未清关或海关扣留快件信息。正常发运快件实物应与信息相符,以方便下一环节接收操作。

（二）进口快件信息汇总比对

进口快件经中国海关清关放行后,转入国内中转处理场地进行中转。对进口快件总包进行接收时,应认真核对总包数量,主要检查袋身、封装,重点核对快件的相关单证,并对异常总包进行处理,进口快件信息汇总比对的具体内容,等同于国内快件信息比对,不再赘述。

五、单据管理基础知识

快递业务档案管理是快递企业经营管理工作的一项基本内容,是评价其客户服务水平的重要指标之一。各企业应结合具体情况制订详细档案归缴目录,形成完备的档案资料,作为经营管理的重要依据。

(一)业务档案管理规定

(1)业务档案中按班次(日)送缴的档案,可以依照平衡表所列信息,按班次(日)整理装订(简称整理装订)。按月送缴档案可以根据接收日期顺序整理装订。

(2)各类进出站清单,对于连续号码的应分类按始发站和接收站顺序号整理装订;其中按班次(日)送缴的档案,也可以依照平衡表所列信息,按班次(日)顺序整理装订,但必须另建立进出站清单登记簿,分别按始发站和接收站分类、按清单号码顺序登记。

(3)收寄档案按快件种类、单据号码顺序依次整理装订。

(4)派送档案按班次(日)、派送段顺序整理装订。

(5)押运档案附平衡表按班次(日)整理装订。

(6)运输档案附平衡表按班次(日)整理装订。

(7)为便于查阅和保管,各类档案装订后须在封面加注内装单据种类、页数、起止号码、起止日期等信息,由装订人盖章;加装专用"档案卷皮"或档案盒,并在卷头处注明卷号、档案名称、公司名称、起止日期、起止号码、年度等项目,年终整理登记"快件业务档案目录",如表4-1所示。

快件业务档案目录 表4-1

公司名称:　　　　　　　　　　　　　　　　　　　　　　　　　　年度:

卷号	站点	种类	名称	起止日期	起止号码	册数	页数	备注
……	……	……	……	……	……	……	……	……

(8)装订成册的档案应分年度、站点、卷号顺序排列在固定架上,坚持图书化陈列;做到整理装订正规、摆放整齐、取用方便。档案必须专室存放,室内应保持清洁干燥,注意防火、防潮、防虫、防鼠害。

(9)快递业务档案从单据填制之日起,至少保管一年。

(10)保管期满符合销毁条件的档案,应有销毁记录,销毁记录要记录档案种类、时期和处理日期、方法,并由处理人员会同签证,销毁记录存档保管一年。尚在查证、调阅等未结案的档案资料不得销毁;有其他特殊要求的档案,应在销毁时抽出另行存放保管。

(二)业务档案查阅、调阅规定

业务档案严禁不相干人员查阅,如需查阅要履行以下手续办理:

1. 内部查阅、调阅档案

企业内部因工作需要查阅、调阅档案,需主管领导批准。在查阅登记簿上写明查阅人姓名、日期、查询内容,查阅人要注意保持查阅档案资料完整无损,不得私自将档案资料拆散、撕毁、划销、涂改,并不得私自携带外出。调阅档案资料要按规定办理手续,写明大约归还时间,档案管理员到期要核查归还情况,未归还的要主动查找,保证归档资料的完整。档案室对被调阅的资料要留存副本备查。

2. 国家机关调阅档案

公安机关、人民法院、检察机关、国家安全机关因需依法调阅快递业务档案时,必须凭被调企业所在地县级以上(含县级)公安机关、国家安全机关、检察机关及人民法院出具的书面证明调阅,并写明调阅内容、时间,经企业相关领导确认,符合《中华人民共和国邮政法》等相关法律法规规定,方可办理调阅手续。被调阅的快件业务档案必须留存副本备查。除公安机关、国家安全机关、检察机关、人民法院外,其他单位和个人不得将业务档案调走,如需要可以加盖以上材料抄自某某企业业务档案的印戳,作为材料来源的印证。

3. 国家机关查阅档案

公安机关、人民法院、检察机关、国家安全机关和其他单位因需依法查阅快递档案时,必须经当地县级以上(含县级)公安机关、国家安全机关、检察机关及人民法院批准并出具证明,符合《中华人民共和国邮政法》等相关法律法规规定,方可办理查阅手续。档案管理人员按证明所列内容予以查阅,并告知查阅结果,但不得签署意见,如需对相关内容进行摘录或复制,可协助办理,但对所摘录、复制内容不签署意见和盖章证明。

第二节 快递信息安全管理

进入 21 世纪,众多快递企业为了提高办事效率和市场反应能力,纷纷依靠 IT 技术构建企业自身的信息系统和业务运营平台,大大改善了企业管理水平、提高了劳动生产率、增强了企业核心竞争力。然而,网络在带给企业机遇与便利的同时,也造成了企业信息系统具有致命的脆弱性、易受攻击性。一旦企业网络遭到攻击,企业信息泄露,甚至被人篡改,就会给企业带来不可估量的损失。因而,研究与防范信息安全问题,对各个快递企业来说都是重要的、紧迫的。

一、快递信息面临的安全隐患

各个快递企业信息系统的形式是多种多样的,涉及的安全问题方方面面,很难给出一个固定的模式,但是无论怎样,一个企业信息系统的安全主要面临以下几方面的隐患:

(一)物理因素造成的隐患

1.场地环境受到侵扰

计算机机房所处的位置有一定的安全技术要求。网络线缆和通信媒介等通信设施都可能因为地震、电磁场、雷电等环境因素以及其他人为因素而发生物理损坏;来自各种自然灾害、电磁辐射、电磁干扰等的自然威胁是不可预测的,会直接影响企业信息的安全;计算机电源保护和接地保护同样非常重要,一旦出现故障,将直接造成企业信息的丢失或破坏。

2.计算机自身出现故障

计算机主要部件(如硬盘、内存等)的运行情况同样会影响数据的安全性,其可靠性值得企业管理者注意。另外,各部件的防盗以及防老化,都不可忽视。

3.移动存储带来危害

当今各种移动存储设备(如优盘、移动硬盘、MP3 等)在企业中大量使用,如果缺乏设备监管及监督,很可能造成计算机感染病毒和数据的泄露。

(二)网络共享造成的隐患

1.系统和软件的漏洞

以微软 Windows 为代表的各种操作系统漏洞不断被发现,相应的蠕虫病毒不断产生,这对企业内计算机的安全补丁工作提出了极大要求;另外,很多软件存在"后门",这些"后门"本来是软件公司的设计编程人员为了以后软件扩展和维护而设置的,一般不为外人所知,但一旦"后门"洞开,其就会成为攻击者攻击网络系统的捷径。

2.人为恶意攻击

典型的黑客攻击和计算机犯罪属于这一类威胁。此类攻击又可以分为两种:一种是主动攻击,它以各种方式有选择地破坏信息的机密性、可用性和完整性;另一类是被动攻击,它是在不影响网络正常工作的情况下,进行截获、窃取、破译以获得重要机密信息。这两种攻击均可对计算机网络造成直接的、极大的危害,导致企业机密数据的泄露和丢失。

3.病毒、垃圾邮件等的威胁

计算机病毒、蠕虫、恶意代码、垃圾邮件、间谍软件、流氓软件等很容易利用企业网络安全防护措施的漏洞侵入企业的内部网络,给企业信息基础设施、企业业务带来无法估量的损失。

(三)人为因素造成的隐患

1.员工网络信息安全意识淡薄

网络是新生事物,许多人一接触就忙着用于学习、工作和娱乐等,对网络信息的安全性无暇顾及,安全意识相当淡薄,对网络信息不安全的事实认识不足。权威调查机构 IDC 的统计表明:30% ~40% 的工作时间内发生的企业员工网络访问行为是与业务无关的,比如游戏、聊天、视频、下载等等;另一项调查表明:1/3 的员工曾在上班时间玩电脑游戏。这些行为无疑会浪费网络资源、降低劳动生产率、增加企业运营成本支出,并有可能因为不良的网络访问行为导致企业信息系统被入侵和机密资料被窃。

2.企业缺乏必要的管理与监督

企业经营者往往看重的是网络对企业运行的便捷效用,而忽视了其带来的安全隐患,对企业信息安全的投入和管理远远不能满足安全防范的要求。管理者的忽视,造成在整个企业中从上到下普遍存在侥幸心理,没有形成主动防范、积极应对的全民意识,更无法从根本上提高网络监测、防护、响应、恢复和抗击的能力。

(四)服务过程造成的隐患

快递服务的整个过程,无不和快递信息密切相关,在服务过程中,会面临很多安全隐患。

(1)提供者在提供服务时,过度收集用户个人信息,或过度索取 App 系统权限。

(2)快递服务中使用移动作业终端等智能服务终端的场景下,因设备丢失或设备保护措施不足等导致数据泄露。

(3)因快递运单暴露个人信息,在快递运单丢失、经手人员泄露、客户丢弃快递包装等场景下带来的数据泄露。

(4)在快件中转过程中,接触用户个人信息的提供者内部人员多,且管理难度大,可能出现内部人员泄露用户个人信息。

(5)提供者以业务营销、业务风险控制、提升服务质量为目的分析个人信息,对用户进行画像和信息推送,未提供有效的拒绝个性化推荐和删除相关信息等功能,造成个人权益受损。

(6)在偏远地区和跨国快件转寄、清关委托、快递保险购买、客服外包等场景下,提供者向第三方提供或委托第三方处理数据时,接收方无法提供充足的安全保障措施,以及提供者对接收方数据处理活动监督不足,导致数据泄露或被第三方滥用的风险。

(7)跨境快递物流服务中,可能存在数据未授权出境或数据在境外未得到与境内同等保护水平的情况。

二、信息安全管理的内容

(一)资料保密管理

资料指企业的内部资料,包括各类企划、营销方案、客户信息、会议记录、操作流程以及整理而成的档案。各类资料包含了企业内部的重要信息,关系到企业的安全和利益,是高度的商业机密。因此,快递企业应强化保密意识,规范和加强资料使用、存放的管理和监控,杜绝和防范各类资料外泄。

资料保密管理的主要方法如下。

1. 资料打印管理规定

(1)资料原稿由提供部门领导签字,签字领导对资料内容负责,不得出现对企业不利或不该宣传的内容,同时确定资料编号、保密级别、发放范围、打印份数。

(2)打印部门要做好登记,打印校对人员姓名应在发文单中反映,保密资料应由专门机构负责打印。

(3)打印完毕,所有资料废稿应全部销毁,电脑存盘应消除或加密保存。

2. 资料发送管理规定

(1)资料打印完毕,由文印室专门人员负责转交发文部门,并做登记,不得转交无关人员。

(2)发文部门下发资料应认真做好发文记录。

(3)保密资料应交由发文部门负责人或其指定人员签收,不得交给其他人员。

(4)对于剩余资料应妥善保管,不得遗失。

(5)发送保密资料应由专人负责,严禁让未转正员工发送保密资料。

3.资料复印管理规定

(1)原则上保密资料不得复印,特殊情况由相关领导批准执行。

(2)资料复印应做好登记。

(3)复印件只能交给部门主管或其指定人员,不得交给其他人员。

(4)一般资料复印应由部门负责人签字,注明复印份数。

(5)复印废件应及时销毁。

4.资料借阅管理规定

借阅保密资料必须经借阅方、提供方领导签字批准。提供方进行专项登记,借阅人员不得摘抄、复印,不得向无关人员透露,确需摘抄、复印时,要经提供方领导签字并注明。

5.档案管理规定

(1)档案室为材料保管重地,无关人员一律不准出入。

(2)借阅资料应填写申请借阅单,并由主管领导签字。

(3)保密资料限下发范围内人员借阅,特殊情况由保密资料管理机构批准借阅。

(4)保密资料保管应与普通资料区别,按等级、期限加强保护。

(5)档案销毁应经鉴定小组批准后指定专人监销,必须两人以上参加,并做好登记。

(6)档案材料不得借给无关人员查阅。

(7)保密档案不得复印、摘抄,特殊情况由企业负责人批准后执行。

(二)信息网络安全管理

通信、计算机和网络等信息技术的发展大大提升了信息的获取、处理、传输、存储和应用能力,信息数字化已经成为普遍现象。互联网的普及更方便了信息共享和交流,使信息技术的应用扩展到社会经济、政治、军事、个人生活等各个领域。因此,信息安全的重要性可以上升到国家安全高度。无论是在计算机上存储、处理和应用,还是在通信网络上传输,信息都可能被非授权访问而导致泄密,被篡改破坏而导致不完整,被冒充替换而导致否认,也可能被阻塞拦截而导致无法存取。这些破坏可能是有意的,如黑客攻击、病毒感染;也可能是无意的,比如误操作、程序错误等。

网络安全技术主要包括网络安全层次模型及各层的网络安全技术,主要有防火墙技术、IP层安全技术、传输层安全技术、应用层安全技术及3W安全技术等。

1. 网络安全层次模型

国际标准化组织ISO在开放系统互联标准中定义了7个层次的网络参考模型,它们分别是物理层、数据链路层、网络层、传输层、会话层、表示层和应用层。

从安全角度来看,各层能提供一定的安全手段,针对不同层次的安全措施是不同的。需要对网络安全服务所属的协议层次进行分析,没有哪个单独的层次能够提供全部的网络安全服务,网络安全服务与每个层次都相关。在物理层,可以在通信线路上采用某些技术使得搭线偷听变得不可能或者容易被检测出。在网络层,防火墙技术被用来处理信息在内外网络边界流动,可以确定来自哪些地址的信息或者访问哪些目的地址的主机是安全的。在传输层,可以执行端到端加密,也就是进程到进程的加密。虽然这些层次上的解决方案都有一定的作用,并且有很多人正在试图提高这些技术,但均不能提出一种充分通用的办法来解决身份认证和不可否认问题。解决这些问题的关键在应用层。应用层的安全主要是指针对用户身份进行认证并且建立起安全的通信信道。有很多针对具体应用的安全方案,能够有效地解决诸如电子邮件、超文本传输协议(HTTP)等应用的安全问题,能够提供包括身份认证、资料保密、资料完整性检查乃至访问控制等功能。

2. 网络协议(IP)层安全性

在IP加密传输信道技术方面,目前使用认证头部(AH)和安全内容信封(ESP)两种机制。前者提供认证和资料完整性,后者实现通信保密。

IP层非常适合提供基于主机的安全服务,相应的安全协议可以用来在互联网上建立安全的IP信道和虚拟私有网。例如,利用它对IP包的加密和解密,可以方便快捷地强化防火墙系统的防卫功能。

3. 传输层安全性

由于TCP/IP协议本身非常简单,没有加密、身份认证等安全特性,因此,要向上层应用模块提供安全通信的机制,就必须在传输控制协议(TCP)之上建立一个安全通信层次。传输层网关在两个通信节点之间代为传递TCP联结并进行控制,这个层次一般称作传输层安全。最常见的传输层安全技术有同步串行接口(SSI)、防火墙安全会话转换协议(SOCKS)和安全远程过程调用协议(RPC)等。

同网络层安全机制相比,传输层安全机制的主要优点是提供基于进程对进程的安全服务和加密传输信道,利用公钥体系进行身份认证,安全强度高,并支持用户选择的加密算法。这一成就如果加上应用级的安全服务,就可以具备更加可靠的安全性。

4.应用层安全性

IP 层的安全协议能够为网络联结建立安全的通信信道,网络层的安全协议允许为主机之间的资料信道增加安全属性。但它们都无法根据所传送内容的不同安全要求作出区别对待。如果确实想要区分一个个具体文件的不同安全性要求,就必须在应用层采用安全机制。

5.3W 安全技术

WWW 是 World Wide Web 的缩写,也可以简称为 Web,中文名字为"万维网"。随着WWW 应用领域的扩大,安全和管理问题日益受到重视。由于最初 HTTP 协议在设计时注重的是方便交流,并没有考虑安全的问题,对于 WWW 的资源管理缺乏有效的安全保护。后来的 HTTP2.0 和 HTTP3.0 协议本身也只是提供了有限的认证机制,仍然没有全面的安全保证。加上 WWW 是建立在互联网的基础上,互联网的安全隐患也使得 WWW的进一步应用受到限制。

解决 WWW 应用安全的方案需要结合通用的互联网安全技术和专门针对 WWW 的安全技术。前者主要指防火墙技术,后者是指根据 WWW 技术的特点改进 HTTP 协议或利用代理服务器、插入件、中间件等技术来实现的安全技术。

(三)数据库安全管理

数据是信息的直接表现形式,数据安全的重要性不言而喻。数据安全的着眼点在于数据在存储和应用过程中是否会被非授权用户有意破坏,或被授权用户无意破坏。数据通常以数据库或文件形式来存储,因此,数据安全主要是数据库或数据文件的安全问题。数据库系统或数据文件系统在管理数据时采取的认证、授权、访问控制及审计等安全机制,达到的安全等级,机密数据能否被加密存储等,都是数据的安全问题。

数据库系统中的资料是由数据库管理系统(Data Base Management System,DBMS)统一管理和控制的。为了适应资料共享的环境,数据库管理系统必须提供数据的安全性、完整性、并发控制和数据库恢复等数据保护能力,以保护数据库中资料的安全可靠和正确有效。

1.数据安全性

数据库的安全性是指保护数据库,防止因用户非法使用数据库造成数据泄露、更改或破坏。网络数据库的数据可以共享,但数据共享必然带来数据库的安全性问题。数据库中放置了大量有价值的资料,如果数据库管理系统不能严格保证数据库中资料的安全性,就会严重制约数据库的应用。因此,数据库系统中的资料共享不能是无条件的,而必须是在数据库管理系统统一、严格的控制之下,只允许有合法使用权限的用户访问允许其存取的资料。安全性控制的一般方法如下:

(1)用户标识和鉴定。

用户每次进入系统时,必须提供用户名和密码,进行身份校验。系统内部记录着所有合法用户的标识,由系统将用户提供的身份标识与系统内部记录的合法用户标识进行核对,通过鉴定后才能提供系统使用权。用户标识和鉴定是系统提供的最外层安全保护措施。其方法是由系统提供一定的方式让用户标识自己的名字或身份。快递企业应加强信息系统密码管理,使用高安全级别密码策略,定期更换密码,禁止将密码透露给无关人员。

(2)存取控制。

在数据库系统中,为了保证用户只能访问其有权存取的资料,必须预先对每个用户定义存取权限。对于通过鉴定获得上机权的用户,系统根据之前的存取权限定义对其各种操作请求进行控制,确保只执行合法操作。快递企业加强信息系统及网络的权限管理,基于权限最小化和权限分离原则,向从业人员分配满足工作需要的最小操作权限和可访问的最小信息范围。

(3)视图。

通常使用视图机制屏蔽一部分保密资料,然后在视图上再进一步定义存取权限。

(4)跟踪审计。

在系统中,当处理的资料极为重要时,可以使用一个专用文件或数据库。系统自动将用户对数据库的所有操作记录在里面,利用审计追踪的信息,就能重现导致数据库现有状况的一系列事件,以找出非法存取资料的人。审计功能一般主要用于安全性要求较高的部门。

(5)资料加密。

对于高度敏感性资料,如财务结算资料、企业商业机密资料等,除以上安全性措施外,还可以采用资料加密技术,以密码形式存储和传输资料。通过资料加密技术,能够防止企图通过不正常渠道获取资料的行为。

2. 完整性

数据库的完整性是指数据的正确性和兼容性。数据库是否具备完整性关系到数据库系统能否真实全面地反映现实世界,因此维护数据库的完整性是非常重要的。

数据的完整性与安全性是数据库保护的两个不同的方面。安全性是防止用户非法使用数据库,包括恶意破坏资料和越权存取资料;完整性则是阻止合法用户对数据库进行不合语义的操作和非法操作。

为维护数据库的完整性,数据库管理系统必须提供一种机制来检查数据库中的数据,看其是否满足语义规定的条件。这些加在数据库数据之上的语义约束条件称为数据库完整性约束条件。它们作为模式的一部分被存入数据库中。而数据库管理系统中检查数据是否满足完整性约束条件的机制称为完整性检查。

3. 并发控制

为充分利用数据库资源,发挥其可共享的特点,应允许多个用户并行存取数据库。但这样就会产生多个用户程序并发存取同一资料的情况,若对并发操作不加控制就可能会存取不正确的资料,破坏数据库的一致性,所以数据库管理系统必须提供并发控制机制。并发控制就是要用正确的方式调度并发操作,使一个用户事务的执行不受其他事务的干扰,从而避免造成数据的不一致性。并发控制机制的好坏是衡量一个数据库管理系统性能优劣的重要标志之一。

4. 数据库恢复

数据库管理系统必须具有把数据库从错误状态恢复到某一已知的正确状态(亦称为一致状态或完整状态)的功能,这就是数据库的恢复。恢复子系统是数据库管理系统的一个重要组成部分。数据库系统所采用的恢复技术是否行之有效,不仅对系统的可靠程度起着决定性作用,而且对系统的运行效率也有很大影响,是衡量系统性能优劣的重要指标。

(1)恢复的实现技术。

恢复就是利用存储在系统其他地方的冗余数据来重建数据库中被破坏的或不正确的资料。因此,恢复机制涉及两个关键问题:第一,如何建立冗余数据;第二,如何利用这些冗余数据实施数据库恢复。建立冗余数据最常用的技术是资料转储和登录日志文件。通常在一个数据库系统中,这两种方法是一起使用的。

数据转储。一旦系统发生介质故障,数据库将遭到破坏,因此,需要通过数据转储制作后备副本以保证数据的恢复。转储是指数据库管理员将整个数据库复制到磁带或另一个磁盘上保存起来的过程。系统发生故障以后,可以将后备副本重新装入,把数据库恢复起来。转储是数据库恢复中采用的基本技术。需要提醒的是,重装后备副本只能将数据库恢复到转储时的状态,要想恢复到故障发生时的状态,必须重新运行自转储以后的所有更新事务。

登记日志文件。日志文件是用来记录事务对数据库的更新操作的文件。不同数据库系统采用的日志文件格式并不完全一样。概括起来,日志文件主要有两种格式:以记录为单位的日志文件和以数据块为单位的日志文件。

（2）恢复方法。

当系统运行过程中发生故障,利用数据库后备副本和日志文件就可以将数据库恢复到故障前的某个一致性状态。不同故障的恢复技术也不一样。

介质故障的恢复。发生介质故障后,磁盘上的物理资料和日志文件被破坏,这是最严重的一种故障,恢复方法是重装数据库,然后重做已完成的事务。

事务故障的恢复。事务故障是指事务在运行至正常终止点前被中止,这时恢复子系统应撤销此事务已对数据库进行的修改。具体做法为:反向扫描日志文件（即从最后向前扫描日志文件）,查找该事务的更新操作;继续反向扫描日志文件,查找该事务的其他更新操作,并做同样处理,如此处理下去,直至读到此事务的开始标记,事务故障恢复就完成了。事务故障的恢复是由系统自动完成的,不需要用户干预。

系统故障的恢复。系统故障造成数据库不一致状态的原因有两个:一是一些未完成事务对数据库的更新已写入数据库,二是一些已提交事务对数据库的更新还留在缓冲区没来得及写入数据库。因此,恢复操作就是要撤销故障发生时未完成的事务,重做已完成的事务。

（四）快递客户个人信息管理

2022年10月14日,由国家邮政局提出,国家市场监督管理总局、国家标准化管理委员会于2022年10月12日联合发布、2023年2月1日开始实施的《快递电子运单》（GB/T 41833—2022）,对快递客户个人信息保护进行了详细规定:

（1）快递服务组织、电子商务经营主体等应采取措施,避免在电子运单上显示完整的收件人姓名、寄件人姓名、联系电话、地址等个人信息。其中,收件人姓名和寄件人姓名应隐藏1个汉字以上;联系电话应隐藏6位以上;地址应隐藏单元户室号。

（2）隐藏及加密信息内容仅限于电子运单履约主体及其授权的第三方、相关管理部门,采用相关设备合法读取。

（3）快递服务组织、电子商务经营主体等不应附加不合理条件,限制电子运单履约主体及其授权的第三方、相关管理部门合法读取。

（4）快递服务组织、电子商务经营主体等宜采用射频识别（RFID）、手机虚拟安全号、电子纸等技术或产品,对快递电子运单上的个人信息进行全加密处理。

《快递电子运单》(GB/T 41833—2022)国家标准的出台,对整个快递行业形成有效约束,对于防止快递电子运单信息泄露、保护快递客户个人隐私和信息安全都具有深远意义。

三、快递信息安全管理

(一)基本要求

(1)识别快递服务涉及的一般个人信息、敏感个人信息,对个人信息进行标识和分类管理。

(2)履行互联网平台运营者义务,如个人信息保护独立监督、制定公平公正的平台规则,隐私政策披露、平台内经营者管理、发布个人信息保护社会责任报告等。

(3)快递企业的数据安全能力应符合规定要求。

(4)结合数据处理活动的实际情况,按照有关国家标准定期开展数据安全风险评估。

(5)在开展对个人权益有重大影响的个人信息处理活动前,进行个人信息保护影响评估。

(6)按照有关国家标准,在快递服务信息系统规划建设时开展个人信息安全工程实践,同步规划、同步建设、同步使用个人信息保护措施。

(7)快递服务的信息系统应符合国家网络安全等级保护相关标准要求。

(二)数据存储

快递企业存储数据,应遵守以下要求:

(1)对用户的个人身份信息、电话号码、地址等敏感个人信息采用加密等安全措施进行存储。

(2)个人信息存储期限应为实现个人信息处理目的所必需的最短时间,超出保存期限应对个人信息进行删除或匿名化处理,法律法规另有规定的除外。

(3)如超出个人信息保存期限,但法律、行政法规规定的保存期限未届满,或者删除个人信息从技术上难以实现的,应停止除存储和采取必要的安全保护措施之外的处理。

(4)对智能终端采集的个人信息进行离线存储,保存期限宜小于 30 天。

(5)对智能终端中离线存储的个人信息及取件验证码进行加密。

(6)建立快递企业自有智能服务终端的失效设备资产列表,并对失效设备存储的业务数据进行删除。

(三) 数据传输

快递企业传输数据，应遵守以下要求：

(1) 向其他个人信息处理者通过系统接口传输敏感个人信息时，应至少使用白名单（IP、域名等）方式进行控制，同时应使用数字签名、开放授权（OAuth）等方式对调用的信息系统进行鉴权。

(2) 通过互联网传输及线下途径传输用户个人身份信息、电话号码、地址等时，应在传输前进行数据加密，并使用安全通道进行传输。

(四) 数据使用和加工

1. 数据展示

快递企业展示用户个人信息，应遵守以下要求：

(1) 对快递运单中的用户姓名、电话号码进行去标识化处理；在不影响寄递业务开展的情况下，对地址进行去标识化处理。

(2) 移动作业终端上安装的 App，仅展示由其揽件或派件的用户个人信息，且展示的用户个人身份信息和电话号码应进行去标识化处理。

(3) 供快递企业内部人员使用的业务系统中，对用户个人身份信息、地址、电话号码等进行去标识化处理。

2. 数据访问

快递企业对用户个人信息的访问控制，应遵守以下要求：

(1) 通过建立审批流、限制数据访问范围等措施，限制批量查询，导出用户个人身份信息、电话号码、地址等的操作功能。

(2) 通过系统进行查询用户个人姓名、身份证号码、电话号码、地址等身份信息相关操作，用户或内部人员登录时，应采用双因素认证或同级别的认证（OTP）进行身份校验，或使用不同于用户登录的验证方式进行二次校验。

(3) 根据内部人员的服务范围或服务对象分配其最小所需数据访问权限。

(4) 用户通过线下渠道（客服热线或快递物流服务运营场所）查询用户个人身份信息、电话号码、地址等时，应在提供查询服务前对查询人进行身份校验，同时记录查询内容，并根据预先设置的信息查询规则反馈相应信息。

(5) 对使用快件信息查询服务的用户进行身份校验，在用户通过身份校验前仅向其提供通过运单号查询快件路由信息的服务，且展示的快件路由信息中不应包含用户姓名、个人身份信息、电话号码、地址等；在用户通过身份校验后，向其提供的查询服务应限于其作为寄件用户或收件用户的运单、快件路由、费用等信息。

（6）通过系统外呼等功能，降低内部人员对用户电话号码的访问范围及访问频率。

（7）采取端口管控、物理设备锁等防撬起措施，防止攻击者通过设备端口（包括 USB 端口、蓝牙等）或拆除智能服务终端后访问存储模块，提取设备上的数据。

（8）提供者自有智能服务终端应支持远程设备锁屏、远程数据擦除、后台强制退出登录等功能，并确保相关功能在终端设备丢失时能够激活。

（9）收派移动作业终端上安装的 App，宜支持远程擦除本地业务数据的功能。

3. 数据导出

快递企业进行数据导出，应遵守以下要求：

（1）对数据导出操作权限进行管控，确保业务场景设置数据导出权限的必要性。

（2）通过系统进行导出个人姓名、身份证号码、电话号码、地址等身份信息相关操作，在内部人员登录时，应采用双因素认证或同级别的认证（OTP）进行身份校验，或使用不同于登录的验证方式进行二次校验。

（3）应对敏感数据外发权限进行管控，并对敏感数据的外发操作进行监控，必要时进行阻断。

4. 个性化推荐

快递企业利用个人信息和个性化推送算法向用户提供信息，应满足以下要求：

（1）允许用户自主选择是否使用个性化推荐相关功能。

（2）提供易于理解、便于访问和操作的一键关闭个性化推荐、拒绝接受定向推送信息，以及重置、修改、调整针对其个人特征的定向推送参数的功能。

（3）提供删除定向推送信息服务过程中收集和产生的个人信息的功能，法律、行政法规另有规定或者与用户另有约定的除外。

5. 日志记录与审计

快递企业进行日志记录与审计，应遵守以下要求。

（1）当日志数据中包含用户个人身份信息、电话号码、地址等时，应对用户个人身份信息、电话号码、地址等进行去标识化处理。

（2）记录的日志类型应包括但不限于：

①登录日志：快递员、快件处理员、客服等人员成功登录或失败登录、正常退出、超时

退出的活动；

②用户管理日志：快递员、快件处理员、客服等人员账号口令的修改和重置等活动；

③敏感数据操作日志：用户内部人员等的敏感数据新增、查询、修改、导出、解密、删除等相关操作。

（3）对具备处理用户个人姓名、身份证号码、电话号码、地址等身份信息权限账号的操作进行日志审计，及时发现异常并处置。

（4）对跨服务范围、非工作时间、非工单触发等情况下处理用户个人身份信息、电话号码、地址等操作进行日志审计，及时发现异常并处置。

（5）对批量查询、导出用户个人身份信息、电话号码、地址等操作进行日志审计和监控，及时发现异常并处置。

（五）数据提供和公开

快递企业公开数据、向第三方提供数据，应遵守以下要求。

（1）向用户告知数据接收方的名称或者姓名、联系方式、个人信息的处理目的、处理方式、处理的个人信息种类、保存期限、用户行使权利的方式和程序，并取得用户单独同意。

（2）向关联公司提供数据时，应与关联公司签署严格的商业秘密保护协议或数据处理协议等，约定其数据处理活动的安全要求。

（3）快递企业之间的数据共享，应遵守以下要求：

①服务受理组织向快递服务组织提供寄递服务订单时，提供的数据应仅限于寄件用户和收件用户的姓名、地址、电话号码和寄递物品信息；

②快递服务组织向服务受理组织共享服务订单的履约信息、支付信息时，应仅提供服务受理组织涉及订单范围的信息；

③快递服务组织与服务受理组织处理快递服务纠纷时，应仅提供必要的身份信息及纠纷处理所需信息；

④快递服务组织委托代存组织进行快件派送或揽收时，应仅提供收件用户的姓名、地址、电话号码或快件的取件状态；

⑤快件代存组织向快递服务组织反馈快件的签收信息时，应仅提供快递服务组织涉及的快件范围的信息。

（4）因兼并、重组、破产等原因需要转移数据的，应明确数据转移方案，数据接收方应继续履行相关数据安全保护义务。

(六) 数据删除

快递企业删除数据时,应保存数据删除的有关记录,记录内容包括但不限于删除的数据类型、方式、时间、责任人等。个人信息主体要求删除的,应及时删除个人信息,主要有两种情况:

(1)个人信息控制者违反法律法规规定,收集、使用个人信息的。

(2)个人信息控制者违反与个人信息主体的约定,收集、使用个人信息的。

(七) 数据出境

快递企业开展国际快递服务时,将国际快递运单信息传输至境外国家/地区的关联公司、快递服务组织、提供者业务合作伙伴,构成数据出境。提供者数据出境应遵守以下要求:

(1)不涉及国际寄递服务的,寄递用户个人身份信息、姓名、电话号码、地址不应传输至境外;涉及国际寄递服务的,寄件用户个人身份信息也不应传输至境外;境外仅需查询的,数据不应在境外存储。

(2)出境数据应仅限于提供国际快递服务所需的必要数据,如配送信息、清关信息等。

(3)应建立个人信息出境记录,包括但不限于出境时间、数据类型、数量、目的地。

(4)根据业务发展和运营情况,每年应自行或委托第三方机构对数据出境至少进行一次数据出境风险评估。

(5)如境外快递服务分包给第三方,应对第三方数据处理活动的合规程度及安全风险进行评估。

(6)应采取必要措施,确保用户的个人信息在境外得到与境内同等水平的保护。

四、信息安全隐患防范策略

现实中企业所面临的安全问题形势更加复杂且严峻。因此,企业管理者必须时刻保持警觉,不断增强防范意识,采取切实有效的防范措施,把影响网络安全的各个方面结合起来,相互弥补,不断完善,才能织起一张安全大网。从防范策略上来讲,可以采用技术、管理和法律三大手段。

(一) 技术手段

1. 防火墙技术

防火墙是网络安全的屏障,配置防火墙是实现网络安全最基本、最经济、最有效的安全措施之一。防火墙由软件和硬件设备组合而成,处于企业或网络群体计算机与外界通道之间,限制外界用户对内部网络访问及管理内部用户访问外界网络的权限。当一个网络接上 Internet 之后,系统的安全除了考虑计算机病毒、系统的健壮性之外,更主要的是防止非法用户的入侵,而目前防止的措施主要是靠防火墙技术完成。防火墙能极大地提高一个内部网络的安全性,并通过过滤不安全的服务而降低风险。防火墙可以强化网络安全策略。通过以防火墙为中心的安全方案配置,能将所有安全软件(如口令、加密、身份认证)配置在防火墙上。其次对网络存取和访问进行监控审计。如果所有的访问都经过防火墙,那么,防火墙就能记录下这些访问并做出日志记录,同时也能提供网络使用情况的统计数据。当发生可疑动作时,防火墙能进行适当的报警,并提供网络是否受到监测和攻击的详细信息。再次防止内部信息的外泄。利用防火墙对内部网络的划分,可实现内部网重点网段的隔离,从而降低了局部重点或敏感网络安全问题对全局网络造成的影响。

2. 安装防病毒软件

杀毒软件,也称反病毒软件或防毒软件,是用于消除电脑病毒、特洛伊木马和恶意软件的一类软件。杀毒软件通常集成监控识别、病毒扫描和清除、自动升级等功能,有的杀毒软件还带有数据恢复等功能,是计算机防御系统(包含杀毒软件、防火墙、特洛伊木马和其他恶意软件的查杀程序、入侵预防系统等)的重要组成部分。快递企业应当配备必要的防病毒软件、硬件,确保信息系统和网络具有防范计算机病毒的能力,防止恶意代码破坏信息系统和网络,避免信息泄露或被篡改。

杀毒软件的任务是实时监控和扫描磁盘。部分杀毒软件通过在系统添加驱动程序的方式进驻系统,并且随操作系统启动。大部分的杀毒软件还具有防火墙功能。

杀毒软件的实时监控方式因软件而异。有的杀毒软件,是通过在内存里划分一部分空间,将电脑里流过内存的数据与杀毒软件自身所带的病毒库(包含病毒定义)的特征码相比较,以判断是否为病毒。另一些杀毒软件则在所划分到的内存空间里面,虚拟执行系统或用户提交的程序,根据其行为或结果作出判断。而扫描磁盘的方式,则和上面提到的实时监控的第一种工作方式一样,只是在这里,杀毒软件将会将磁盘上所有的文件(或者用户自定义的扫描范围内的文件)做一次检查。

3. 加密技术

加密技术是网络安全最有效的技术之一。信息加密,可以有效保护网内的数据、文件、口令和控制信息,保护网上传输的数据。快递企业信息加密,不但可以防止非授权用

户的搭线窃听和入网,而且也是对付恶意软件的有效方法之一。对本地文件进行简单的加密和解密,常见的有以下三种方式:

(1)使用 Office 办公软件自带的加密、解密功能。

(2)使用计算机操作系统自带的 EFS 加密功能。

(3)使用第三方加密工具加密保密性高的文件。

4. 数据备份

数据备份是指将计算机系统中硬盘上的一部分数据通过适当的形式转录到可脱机保存的介质(如移动硬盘、优盘)上,以便需要时再输入计算机系统使用。没有任何一项措施比数据备份更能够保障信息的安全。制订应急处理计划,做好备份和恢复,是企业信息安全的后方阵地。平时做好数据备份应当是企业内计算机管理员的一项重要工作。完善的数据备份应该是动态的、多重的备份,这样才能保证操作系统遭到破坏后能够迅速恢复这些数据库的使用。

(二)管理手段

快递企业应建立完善的管理制度,确保安全使用、保管和处置存有寄递用户信息的计算机、移动设备和移动存储介质,同时设置独立物理区域存储寄递用户信息,禁止非授权人员进出该区域。

1. 强化安全保护意识,做好环境建设

企业各级管理者应当要加强计算机及系统本身实体的安全管理,如机房、计算机终端、网络控制室等场所的物理安全,注意对意外事故和自然灾害的防范。

2. 建立健全企业信息安全管理制度和操作规程

制度建设是确保企业信息安全的关键。因此,企业首先要树立网络信息安全管理理念,确定信息安全保护工作的目标和对象,要求"实体可信,行为可控,资源可管,事件可查,运行可靠";其次,建立健全安全管理制度,确保所有的安全管理措施落到实处,比如操作人员管理制度、操作技术管理制度、病毒防护制度、设备管理维护制度、软件和数据管理制度等。再者,制定科学、详细的操作规程,规范日常操作,制定信息系统的维护制度和应急预案,确保企业信息系统的安全管理。

3. 加强计算机用户管理

企业应结合自身硬软件、数据和网络等方面实际情况,提高工作人员的保密观念、责任心和安全意识,加强业务技术培训,防止人为事故的发生。必要时,可运用技术手段,通过设置身份限制,对不同设备设置访问权限,对于各子系统工作人员每人设置一个账号,并且每个账号设置口令,并要求定期更改口令。

(三)法律手段

1. 增强法律意识

在网络环境下,企业的信息安全问题应该有相应的法律法规作为保障。它涉及网络安全、计算机安全、数据安全、使用权限和信息主权以及个人隐私等法律范畴。1994年2月颁布的《中华人民共和国计算机信息系统安全保护条例》揭开了我国计算机安全工作新的一页,是我国信息安全领域内第一个全国性的行政法规,标志着我国的计算机安全工作开始走上规范化的法律轨道。随后,《中华人民共和国计算机信息网络国际联网管理暂行规定》《计算机信息网络国际联网安全保护管理办法》《商用密码管理条例》《计算机信息系统国际联网保密管理规定》《中华人民共和国网络安全法》《快递暂行条例》《中华人民共和国个人信息保护法》等一系列法律、法规、规章的相继出台,成为企业信息安全的有力保障。

为保障快递数据信息安全,《快递暂行条例》第三十四条规定,经营快递业务的企业应当建立快递运单及电子数据管理制度,妥善保管用户信息等电子数据,定期销毁快递运单,采取有效技术手段保证用户信息安全。

网络环境下,快递企业在大力发展计算机、多媒体技术,实现企业信息现代化、提升企业核心竞争力的同时,必须强化信息安全意识,认识到网络环境下企业信息可能遭遇的安全隐患,切实采取相应的措施,为快递企业信息安全保驾护航。快递企业信息安全隐患的防范是一个全方位的工作,需要从多方面进行有效管理,并合理运用技术、制度、政策、法律法规等进行全方位的考虑,建立一个综合性的防御安全体系,最大限度地降低企业信息有可能遭受的安全隐患,使信息技术在快递企业信息管理和运用中更好地发挥应有作用。因此,快递企业管理者及各级工作人员应当增强法律意识,认真学习领会相关法律、法规、规章等规范性文件,从思想上真正认识到企业信息安全问题的重要性和必要性。

2. 落实法律责任

采取系列措施防范企业信息安全隐患固然重要,但是一旦问题出现,往往会出现企业内部人员相互推卸责任的现象。因此,要从根本上强化企业人员的信息安全意识,关键点和突破口在于落实企业人员的法律责任。企业应建立健全责任追究机制,明确机构、人员的职责和要求,也明确部门负责人和相关人员的职责和要求,从制度上保证了各级人员依法履行责任和义务。国务院颁发的《中华人民共和国计算机信息系统安全保护条例》中明确规定计算机安全应引起各级管理者的重视，并且强调要"维护计算机信息系统的安全运行"。网络侵犯以黑客攻击最为普遍。在我国，如果把网络比作是一个生机勃勃的青年的话，那么黑客就像是隐藏在他身体内部的一只毒瘤，随着他的成长而恶性膨胀。我国各项计算机安全相关的规范性文件出台以后，在威慑黑客方面起到了重要作用。

1)《中华人民共和国刑法》相关规定

《中华人民共和国刑法》第二百八十六条规定：违反国家规定，对计算机信息系统功能进行删除、修改、增加、干扰，造成计算机信息系统不能正常运行，后果严重的，处五年以下有期徒刑或者拘役；后果特别严重的，处五年以上有期徒刑。违反国家规定，对计算机信息系统中存储、处理或者传输的数据和应用程序进行删除、修改、增加的操作，后果严重的，依照前款的规定处罚。故意制作、传播计算机病毒等破坏性程序，影响计算机系统正常运行，后果严重的，依照第一款的规定处罚。单位犯前三款罪的，对单位判处罚金，并对其直接负责的主管人员和其他直接责任人员，依照第一款的规定处罚。

第二百八十六条之一明确指出：网络服务提供者不履行法律、行政法规规定的信息网络安全管理义务，经监管部门责令采取改正措施而拒不改正，有下列情形之一的，处三年以下有期徒刑、拘役或者管制，并处或者单处罚金：

(1)致使违法信息大量传播的；

(2)致使用户信息泄露，造成严重后果的；

(3)致使刑事案件证据灭失，情节严重的；

(4)有其他严重情节的。

单位犯前款罪的，对单位判处罚金，并对其直接负责的主管人员和其他直接责任人员，依照前款的规定处罚。有前两款行为，同时构成其他犯罪的，依照处罚较重的规定定罪处罚。

2)《快递暂行条例》相关规定

《快递暂行条例》规定，快递企业有下列行为之一的，由邮政管理部门责令改正，没收违法所得，并处1万元以上5万元以下的罚款；情节严重的，并处5万元以上10万元以下的罚款，并可以责令停业整顿直至吊销其快递业务经营许可证：

(1)未按照规定建立快递运单及电子数据管理制度；

(2)未定期销毁快递运单；

(3)出售、泄露或者非法提供快递服务过程中知悉的用户信息；

(4)发生或者可能发生用户信息泄露的情况，未立即采取补救措施，或者未向所在地邮政管理部门报告。

【案例 4-2】

快递企业客户信息泄露严重,数据安全保障工作任重而道远

确保网络安全最大的挑战莫过于信息泄露。2021 年 3 月,上海某快递公司报案称其数据被 telegram 用户在网络上非法出售,青浦公安分局网安支队于 2021 年 4 月抓获涉嫌侵犯公民个人信息的吴某等 4 人。据吴某等人交代,由快递网点员工卓某提供公民个人信息,其余 3 人将数据进行整理并贩卖,该团伙共非法获利价值 2000 余 USDT 虚拟币,约合人民币 10000 元。

附录一
快件处理场所设施设备要求

快件处理场所的面积和设施设备配备宜参照如下标准：

年快件处理量 （万件）	面积（平方米）	设施设备
50	不少于 200	分拣格、称重台、工具架、托盘、电脑、视频监控系统
500	不少于 2000	除上述设备外，还应具备：货物搬运设备（例如手推车）、条码识读器、安全检查设备（例如 X 光机）
1000	不少于 4000	除上述设备外，还应具备：门禁系统、半自动皮带输送设备
2000	不少于 8000	除上述设备外，还应具备：快件半自动或自动分拣系统、远程影像监控系统
3000	不少于 10000	除上述设备外，还应具备：叉车、快件自动分拣系统、场所统一指挥调度系统
4000 以上	不少于 15000	等同于年处理量 3000 万件的处理场所

注：所有快件处理场所面积均不应少于 50 平方米。

附录二
我国邮政编码前两位代码分配表

大区	省级行政区	邮政编码前两位代码	大区	省级行政区	邮政编码前两位代码
	北京	10		湖南	41、42
	上海	20	4 区	湖北	43、44
	天津	30		河南	45、46、47
	重庆	40		广东	51、52
0 区	内蒙古	01、02	5 区	广西	53、54
	山西	03、04		贵州	55、56
	河北	05、06、07		海南	57
1 区	辽宁	11、12	6 区	四川	61、62、63、64
	吉林	13		云南	65、66、67
	黑龙江	15、16		陕西	71、72
2 区	江苏	21、22	7 区	甘肃	73、74
	安徽	23、24		宁夏	75
	山东	25、26、27		青海	81、82
3 区	浙江	31、32	8 区	新疆	83、84
	江西	33、34		西藏	85
	福建	35、36	香港、澳门、台湾地区暂无		

附录三
我国电话区号编号布局表

省级行政区	电话区号	省级行政区	电话区号
北京	010	湖南	073×、074×
上海	021	湖北	（武汉027）071×、072×
天津	022	河南	037×、038×、039×、030×
重庆	023	广东	（广州020）066×、075×、076×
内蒙古	047×、048×	广西	077×、078×
山西	034×、035×	贵州	085×、086×
河北	031×、032×、033×、034×	海南	0898
辽宁	（沈阳、抚顺、铁岭024）041×、042×	四川	（成都、眉山、资阳028）081×、082×、083×
吉林	043×、044×	云南	069×、087×、088×
黑龙江	045×、046×	陕西	（西安、咸阳029）091×、092×
江苏	（南京025）051×、052×	甘肃	093×、094×
安徽	055×、056×	宁夏	095×、096×
山东	053×、054×、063×	青海	097×、098×
浙江	057×、058×	新疆	099×、090×
江西	079×、070×	西藏	080×、089×（不含0898）
福建	059×、050×		

注：1. 表中"×"表示任一阿拉伯数字。

2. 香港、澳门、台湾地区使用国际电话区号（香港特别行政区国际电话区号是00852；澳门特别行政区国际电话区号是00853；台湾地区国际电话区号是00886）。

禁止出口货物目录(第七批)

（自 2023 年 6 月 6 日起实施）

序号	海关商品编号	商品名称	CAS 号
1	2903299020	六氯丁二烯	878-3
2	2908110000 2908199023 2908199024 2909309017 2915900014	五氯苯酚及其盐类和酯类	87-86-5 131-52-2 27735-64-4 3772-94-9 1825-21-4
3	2906299011 2906299021	三氯杀螨醇	115-32-2 10606-46-9
4	2904990014 2922120002 2930909093 2932190017 2933990095 2934999093 2935900037 等	全氟己基磺酸及其盐类和其相关化合物	—
5	2903999050	多氯萘,包括二氯萘、三氯萘、四氯萘、 五氯萘、六氯萘、七氯萘、八氯萘	—
6	2903890020	六溴环十二烷	25637-99-4 3194-55-6 134237-50-6 134237-51-7 134237-52-8

说明:

1. 资料来源:中华人民共和国商务部官方网站。

2. 禁止出口货物目录已陆续发布七批,此为 2023 年 6 月 6 日发布的《禁止出口货物目录(第七批)》,其他批次此处略。

附录五
禁止进口货物目录(第八批)

(自 2023 年 6 月 6 日起实施)

序号	海关商品编号	商品名称	CAS 号
1	3003900040	含西布曲明的混合药品(未配定剂量或制成零售包装的)	—
2	3004909082	已配剂量含西布曲明的制剂	—
3	2921499033	西布曲明及其盐	—
4	2903299020	六氯丁二烯	87-68-3
5	2908110000 2908199023 2908199024 2909309017 2915900014	五氯苯酚及其盐类和酯类	87-86-5 131-52-2 27735-64-4 3772-94-9 1825-21-4
6	2906299011 2906299021	三氯杀螨醇	115-32-2 10606-46-9
7	2904990014 2922120002 2930909093 2932190017 2933990095 2934999093 2935900037 等	全氟己基磺酸及其盐类和其相关化合物	—
8	2903999050	多氯萘,包括二氯萘、三氯萘、四氯萘、五氯萘、六氯萘、七氯萘、八氯萘	—
9	2903890020	六溴环十二烷	25637-99-4 3194-55-6 134237-50-6 134237-51-7 134237-52-8

说明:

1. 资料来源:中华人民共和国商务部官方网站。

2. 禁止进口货物目录已陆续发布八批,此为 2023 年 6 月 6 日发布的《禁止进口货物目录(第八批)》,其他批次此处略。

参 考 文 献

[1] 国家邮政局.快递服务 第1部分:基本术语:GB/T 27917.1—2011[S]北京:中国标准出版社,2012.

[2] 国家邮政局.快递服务 第2部分:组织要求:GB/T 27917.2—2011[S].北京:中国标准出版社,2012.

[3] 国家邮政局.快递服务 第3部分:服务环节:GB/T 27917.3—2011[S].北京:中国标准出版社,2012.

[4] 国家邮政局职业技能鉴定指导中心.快递业务员(高级)快件处理[M].北京:人民交通出版社,2012.

[5] 国家邮政局职业技能鉴定指导中心.快递操作实务[M].北京:人民交通出版社股份有限公司,2016.

[6] 中华人民共和国人力资源和社会保障部,中华人民共和国邮政局.国家职业技能标准——快件处理员:2019年版[S].北京:中国劳动社会保障出版社有限公司,2020.

[7] 国家邮政局职业技能鉴定指导中心.快递设施与设备[M].北京:中国人事出版社,2020.

[8] 国家邮政局职业技能鉴定指导中心.快递信息技术应用[M].北京:中国人事出版社,2020.

[9] 国家邮政局职业技能鉴定指导中心.快件处理员职业技能等级认定培训教材(初级)[M].北京:人民交通出版社股份有限公司,2021.

[10] 国家邮政局职业技能鉴定指导中心.快件处理员职业技能等级认定培训教材(中级)[M].北京:人民交通出版社股份有限公司,2021.

[11] 国家邮政局.通用寄递地址编码规则:GB/T 41832—2022[S].北京:中国标准出版社,2022.

[12] 国家邮政局.快递电子运单:GB/T 41833—2022[S].北京:中国标准出版社,2022.

[13] 全国信息安全标准化技术委员会.信息安全技术 快递物流服务数据安全要求:GB/T 42013—2022[S].北京:中国标准出版社,2022.